新文科建设教材·工商管理系列

公司治理
实践案例与基础理论

黄海昕 高 翰 编著

CORPORATE
GOVERNANCE

Practical Cases and
Basic Theories

清华大学出版社
北京

本书封面贴有清华大学出版社防伪标签，无标签者不得销售。
版权所有，侵权必究。举报：010-62782989，beiqinquan@tup.tsinghua.edu.cn。

图书在版编目（CIP）数据

公司治理：实践案例与基础理论 / 黄海昕，高翰编著.
北京：清华大学出版社，2025.4. -- (新文科建设教材).
ISBN 978-7-302-67849-6

Ⅰ. F276.6

中国国家版本馆 CIP 数据核字第 20259JL738 号

责任编辑：胡　月
封面设计：汉风唐韵
责任校对：王荣静
责任印制：刘海龙
出版发行：清华大学出版社
　　　　网　　址：https://www.tup.com.cn，https://www.wqxuetang.com
　　　　地　　址：北京清华大学学研大厦 A 座　　邮　　编：100084
　　　　社 总 机：010-83470000　　　　　　　　邮　　购：010-62786544
　　　　投稿与读者服务：010-62776969，c-service@tup.tsinghua.edu.cn
　　　　质 量 反 馈：010-62772015，zhiliang@tup.tsinghua.edu.cn
印 装 者：大厂回族自治县彩虹印刷有限公司
经　　销：全国新华书店
开　　本：165mm×238mm　　印　张：9.5　　字　数：117 千字
版　　次：2025 年 6 月第 1 版　　　　　　印　次：2025 年 6 月第 1 次印刷
定　　价：39.00 元

产品编号：097444-01

前言

公司治理是一门涉及管理学、会计学、金融学等领域交叉的学科，并且具有很强的理论与实践相结合的特性，针对此特性，本教材通过案例的形式进行相关知识的讲授。

本教材分为"主篇：实践案例"与"辅篇：理论要素"两部分。主篇为教材核心内容，以案例的形式为读者呈现了五家具有典型代表性的中国本土企业的公司治理实践，所选取的企业案例分别涉及公司治理中的内部治理部分（包含股东、董事会、高层管理者）、外部治理（控制权市场），以及公司治理模式中的关键问题，旨在让读者在企业的真实困境与经营实践中了解并掌握公司治理的相关理论与应用。"辅篇"作为"主篇"的辅助部分，主要是相关基础知识与理论的补充，帮助读者更好地构筑公司治理知识与理论体系。

中国管理案例共享中心案例库收录的相关案例为本教材编写提供了基础素材，我们也希望通过对相关案例的整合和讲解帮助读者更好地了解公司治理在中国的管理实践，激发读者对公司治理这一学科的兴趣。

黄海昕

2025 年 5 月

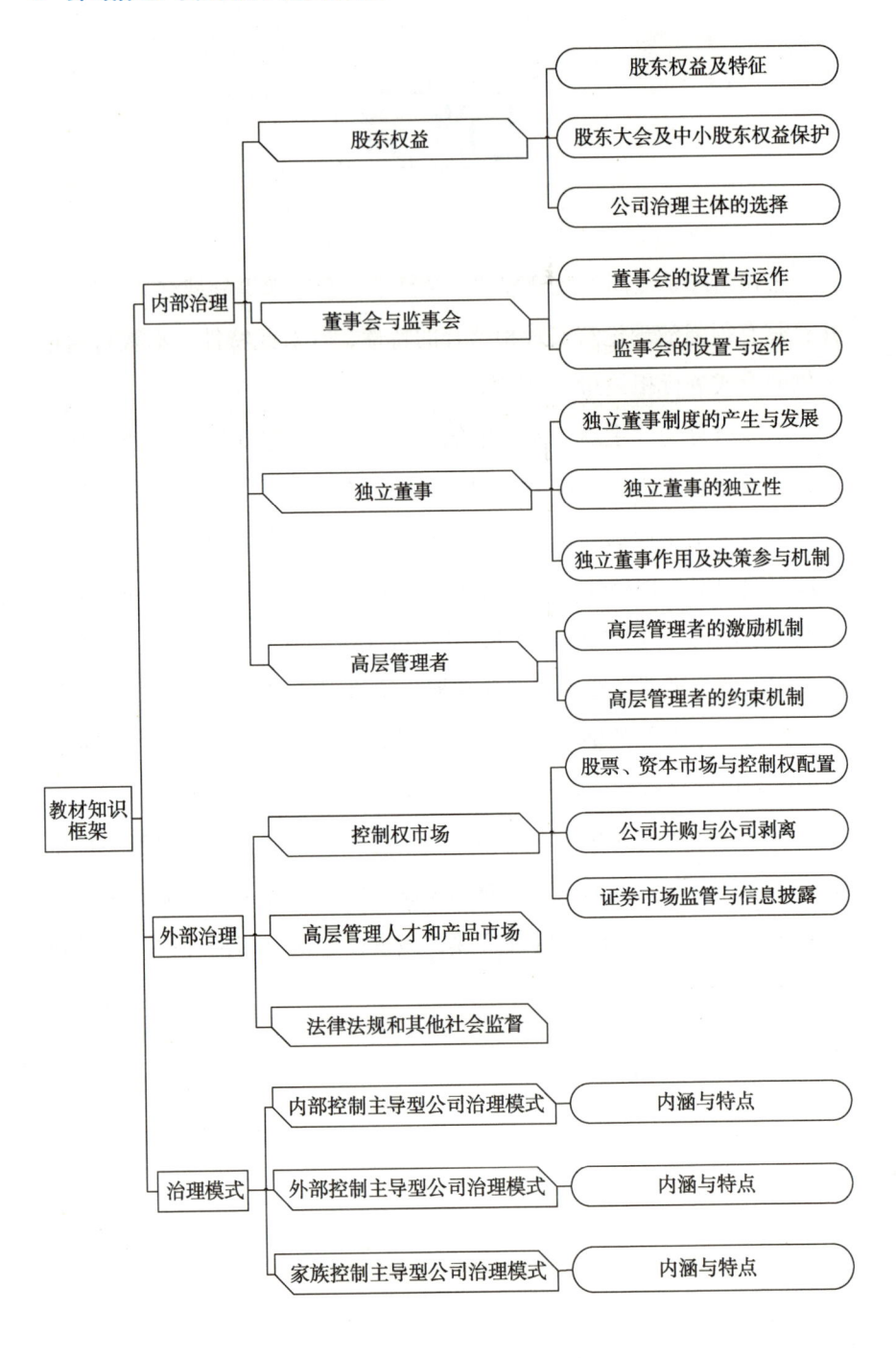

▶ **公司治理：实践案例与基础理论**

```
教材知识框架
├── 内部治理
│   ├── 股东权益
│   │   ├── 股东权益及特征
│   │   ├── 股东大会及中小股东权益保护
│   │   └── 公司治理主体的选择
│   ├── 董事会与监事会
│   │   ├── 董事会的设置与运作
│   │   └── 监事会的设置与运作
│   ├── 独立董事
│   │   ├── 独立董事制度的产生与发展
│   │   ├── 独立董事的独立性
│   │   └── 独立董事作用及决策参与机制
│   └── 高层管理者
│       ├── 高层管理者的激励机制
│       └── 高层管理者的约束机制
├── 外部治理
│   ├── 控制权市场
│   │   ├── 股票、资本市场与控制权配置
│   │   ├── 公司并购与公司剥离
│   │   └── 证券市场监管与信息披露
│   ├── 高层管理人才和产品市场
│   └── 法律法规和其他社会监督
└── 治理模式
    ├── 内部控制主导型公司治理模式 ── 内涵与特点
    ├── 外部控制主导型公司治理模式 ── 内涵与特点
    └── 家族控制主导型公司治理模式 ── 内涵与特点
```

目 录

主篇 实践案例

第一章 阿里巴巴集团……3
模块一 案例正文……3
模块二 基本问题与拓展分析……22

第二章 万科集团……37
模块一 案例正文……37
模块二 基本问题与拓展分析……56

第三章 雷士照明……65
模块一 案例正文……65
模块二 基本问题与拓展分析……78

第四章 "小马奔腾"与"康师傅"……82
模块一 案例正文……82
模块二 基本问题与拓展分析……106

辅篇 理论要素

第五章 对公司治理的基本理解……117

第六章 股东与股东大会……125

第七章 董事会与监事会……129

第八章 高层管理人员激励与约束……136

第九章 证券市场……140

主篇　实践案例

第一章 阿里巴巴集团

模块一　案　例　正　文

阿里巴巴集团控股有限公司（Alibaba Group Holding Limited，以下简称阿里巴巴）是以马云为核心的18人团队于1999年9月在浙江杭州创立的公司。阿里巴巴明确将"消费、云计算、全球化"作为集团的三大战略，据此形成以中国商业、国际商业、本地生活服务、数字媒体及娱乐、物流、云、创新业务及其他等七大业务板块为核心构成的阿里巴巴生态体系。截至2023年1月，阿里巴巴代表性业务主要包括：淘宝网、天猫、盒马、银泰百货、1688、AliExpress、饿了么、高德地图、优酷、菜鸟、阿里云、达摩院等。

一、初创：风投入场

1999年3月，马云拿着七拼八凑得到的50万元资金，在杭州创建了阿里巴巴。创业过程非常艰难，这笔本打算用以维持10个月运转的启动资金实际只维持了8个月，资金链的断裂一度让阿里巴巴陷入困境，公司面临无法运转的危机。

彼时，阿里巴巴在国内存在一些竞争对手，同时在技术上也不占有优势，迫切需要资金支持发展。但作为一个尚处于初创期的小企业，在当时的金融体制下，阿里巴巴既难以从对企业资信状况要求很高的银行得到融资，也不具备去资本市场融资的条件。当时，中国资本市场还没有中小板，更没有创业板，企业发行证券融资的资格门槛非常高。在这个时候，要让企业走下去，阿里巴巴唯一的办法就是引入被小企业称作"天使投资"的风险投资。

（一）第一阶段

阿里巴巴面临资金链断裂的困境，后来担任阿里巴巴首席财务官（CFO）的蔡崇信成为"拯救"公司的功臣，他凭借曾在投资机构工作积聚的资源，在1999年10月，为阿里巴巴拉来了高盛集团、富达投资、新加坡政府科技发展基金、瑞典银瑞达集团（Invest AB）等机构的投资，总计500万美元，这可以算是阿里巴巴获得的第一笔真正意义上的风险投资资金。

（二）第二阶段

日本软件银行集团（中文语境下通常简称为软银集团）是1994年在日本上市的一家综合性风险投资公司，主要关注IT产业。软件银行集团子公司软银中国（Softbank China Venture Capital）设立了"软银中国风险投资基金"，专门致力于投资中国的高科技企业。软银集团董事长孙正义在与马云的会面中，被阿里巴巴的创业思路所吸引，很快便敲定了与马云的合作。2000年1月，软银集团与阿里巴巴集团正式签约，向其投资2000万美元。此轮风险投资完成后，软银集团还在日本和韩国投入大量资金，用于与阿里巴巴合作成立合资公司，助其开拓全球业务。

然而，从2000年4月起，全球互联网行业遇冷，纳斯达克指数暴跌，长达两年的"行业寒冬"开始，很多互联网公司陷入困境，甚至倒闭。此时，阿里巴巴开始进行战略调整，将战略核心目标瞄准公司商务这一领域，其通过建立独特的技术平台，针对中国买家推出"中国供应商"服务，针对国际卖家则推出"诚信通"会员计划。在"行业寒冬"里，阿里巴巴成为极少数开始盈利的互联网企业。

（三）第三阶段

得到软银集团投资认可后，阿里巴巴又陆续获得来自多家重量级资本投资机构的投资。在这些风投资金的支持下，阿里巴巴业务飞速发展。

软银集团联合富达投资、汇亚资本、日本亚洲投资、瑞典投资、TDF 等共计 2500 万美元入股阿里巴巴。2002 年 10 月，阿里巴巴正式发布日文 B2B 网站，进军日本市场。

到 2003 年 5 月，阿里巴巴网站已经汇聚了来自 220 个国家和地区的 200 多万注册会员，每天向全球各地企业提供 150 多万条供求信息，成为全球国际贸易领域最大、最活跃的网上市场和商人社区。在此基础上，阿里巴巴又进行业务拓展，于 2003 年 5 月斥资 1 亿元启动淘宝网，正式进军 C2C 网上交易服务市场。到 2004 年，阿里巴巴已连续四年被评为"全球最佳 B2B 网站"。同年 2 月，阿里巴巴又获得来自软银集团、富达投资和 GGV 共计 8200 万美元的投资，其中软银集团提供 6000 万美元单独注资淘宝网业务，被公认为阿里巴巴最大的机构投资者。

（四）第四阶段

2005 年对阿里巴巴而言，是一个重要的时间节点。这一年，包括高盛等机构在内的早期投资份额，已经全部到期，都希望在较高价值上进行收回。风险投资到期收回主要有四种途径：首次公开募股（Initial Public Offering，IPO）、股权转让、股权回购和破产清算。其中，部分机构投资者提出，阿里巴巴上市时机已到，应尽快上市。但马云坚持认为阿里巴巴上市的机会还不成熟，因为此时淘宝网正面临来自具有更大国际市场份额的 eBay 的挑战，在此过程中还需要得到更多投资来支持其赢得后续激烈的竞争，因此阿里巴巴集团应该等待其"阿里巴巴"和"淘宝网"两个业务板块能够分别在 B2B 和 C2C 市场上取得相对稳固的优势后再上市。

这种发展理念上的冲突，使得诸多投资机构面临艰难选择，是继续投入支持马云的"电子商务帝国梦"？还是抓住投资的既得收益，马上套现退出？此前一直大力投资阿里巴巴的软银集团也一度期望套现获益，甚至曾考虑向阿里巴巴的竞争对手 eBay 出售其所持阿里巴巴股权。面对各路机构投资者的诉求，阿里巴巴对是否上市固然可以再议，但回购套现的需求却必须按约满足，且这时淘宝网与 eBay 的商战正处于攻坚阶段，都需要大量资金投入。阿里巴巴承受巨大的资金压力，迫切需要再融资。

2005 年 8 月，在美国雅虎（Yahoo）总裁杨致远的推动下，阿里巴巴与雅虎结成战略同盟。雅虎和阿里巴巴共同宣布，雅虎以 10 亿美元加上雅虎中国全部业务作价，换购了阿里巴巴集团 40% 的普通股股权。其中，雅虎以 3.6 亿美元的价格向软银集团购得 450 万股淘宝网股票（淘宝网余下股份由阿里巴巴集团持有），并赠与阿里巴巴，软银集团在此前投入的淘宝网业务上完成了套现。

同时，雅虎又以 5.7 亿美元的价格购买约 8772 万股阿里巴巴集团股票（约合每股 6.5 美元），占阿里巴巴集团已发行股份总数 6.54 亿股的 13.41%。在这次交易中，阿里巴巴前期的风险投资机构退出并套现，阿里巴巴员工的部分股票也实现套现。

随后，如表 1-1 所示，雅虎以"7000 万美元现金 + 3.6 亿美元的淘宝网股权 + 雅虎中国全部业务"换取约 1.74 亿股阿里巴巴集团股票，占其总股份数的 26.59%。

表 1-1 阿里巴巴与雅虎中国的换购合并融资要点

交易	内 容 要 点	结果与影响
内容一	雅虎用 3.6 亿美元收购软银所持全部淘宝网股权（450 万股），并将此部分股权转让给阿里巴巴	淘宝网成为阿里巴巴的全资子公司；软银在淘宝网业务上成功高值套现
内容二	雅虎用 5.7 亿美元从阿里巴巴特定的投资者处购买约 8772 万股股票（主要为前三轮投资人全部所持的 6000 万股和部分高管层所持约 2772 万股，共占阿里巴巴总股份 13.41%）	阿里巴巴前期投资者（除软银外）全部退出并套现；阿里巴巴的部分员工股票也实现套现
内容三	雅虎用"0.7 亿美元+从软银所购 450 万股淘宝网股权+雅虎中国全部业务作价"，换取约 1.7 亿股阿里巴巴股票	雅虎总计拥有阿里巴巴 40%的股权和 35%的投票权；并购后的雅虎中国全部交给阿里巴巴经营和管理；阿里巴巴董事会确定为四个席位，具体为阿里巴巴 CEO 马云、阿里巴巴 CFO 蔡崇信、雅虎创始人杨致远及软银董事长孙正义

资料来源：根据公开数据整理

雅虎的风险投资是阿里巴巴发展中最为重要的事件之一。这次交易的结果是：马云确保对阿里巴巴的控制权；雅虎得以进入中国这一最大的电子商务市场，并与当时最优秀的电子商务公司结盟；阿里巴巴获得了雅虎 7000 万美元直接投资和软银的 1.8 亿美元可转债资金，确保了淘宝网生存所依赖的资金，并得到了梦寐以求的搜索技术，助其打造完整的电子商务链。此外，软银集团则成功在淘宝网业务上套现 3.6 亿美元，并对阿里巴巴进行增持，等待其上市以获取更大的收益。

二、发展：股权争夺

美国雅虎的风险投资换来了阿里巴巴集团 40%的股份，此时马云及其管理层所拥有的股份仅为 31%左右，软银集团则持有约 29%的股份。雅虎成为阿里巴巴的第一大股东，但由于此前合作协议中约定，在一定期限内，雅虎将其所持 5%的阿里巴巴股份对应的投票权让渡给马云及其管理层行使，因此马云团队仍然对阿里巴巴拥有第一控制权。

（一）矛盾始现

初始，阿里巴巴与雅虎的合作被业界看作一个经典的多赢局面：合作协议帮助阿里巴巴突破了包括资金、技术在内的发展瓶颈；淘宝网得以通过"烧钱"采用免费模式飞速抢占市场份额，并最终占据中国C2C市场90%以上份额，挤压国际电子商业巨头eBay退出中国。阿里巴巴的B2B业务也于2007年在香港联合交易所上市，IPO金额达15亿美元，创下中国互联网企业的IPO融资纪录。

然而，后续发展却不太符合各方，尤其是阿里巴巴的期望。相较于阿里巴巴的迅速崛起，雅虎逐渐衰落。阿里巴巴接管雅虎中国并将其改名为"中国雅虎"后，始终未能找准其发展方向，相关业务陆续淡出一线阵营，尤其是阿里巴巴最为看重的搜索业务败于Google，社区业务也不敌Facebook和Twitter，仅剩新闻门户和邮箱业务尚能支撑。对于阿里巴巴来说，其要面对的是"每赚一元钱，就要交四毛钱给雅虎"的局面。除此以外，对马云团队最具致命威胁的是，阿里巴巴可能面对的大股东易主（实际上早已易主），以及随之而来的管理层可能易主的问题，这是马云及其管理团队所不能接受的。

按照2005年阿里巴巴与雅虎签订的协议，从2010年10月开始，在股东表决权方面，持有阿里巴巴集团39%股东权益的雅虎（2009年雅虎抛售了1%的阿里巴巴股份），其投票权将从当时条款约定的35%增加至39%，来与其所持股份份额相对应（之前雅虎将5%的表决权让渡给马云及管理层行使）。这样，马云及其管理团队的投票权将从35.7%降至31.7%，软银则保持29.3%的收益权和投票权不变，雅虎将成为阿里巴巴真正意义上的第一大股东。

此时，雅虎与软银集团两家风险投资机构共持有阿里巴巴68.3%的股份，相比创始股东马云及其团队而言，处于绝对的控股地位。相应地，雅虎在阿里巴巴董事会的席位也将由原来的1人增加至2人，即

第一章 阿里巴巴集团

雅虎和马云团队可以分别委任两位董事，软银集团则依旧可委任一位董事，这意味着雅虎将极大增强在阿里巴巴集团董事会的话语权。2010年前后，阿里巴巴的表决权结构发生了巨大变化，如图1-1所示。

同时，合作协议到期也意味着雅虎、软银集团及阿里巴巴三家股东当时达成的"阿里巴巴集团首席执行官马云不会被辞退"条款会随之作废。阿里巴巴集团第一大股东雅虎，将有按照董事会或公司章程辞退CEO马云的可能性。简而言之，阿里巴巴创始人马云及其管理层不但有可能丧失对阿里巴巴的控制权，甚至还可能被"扫地出门"。

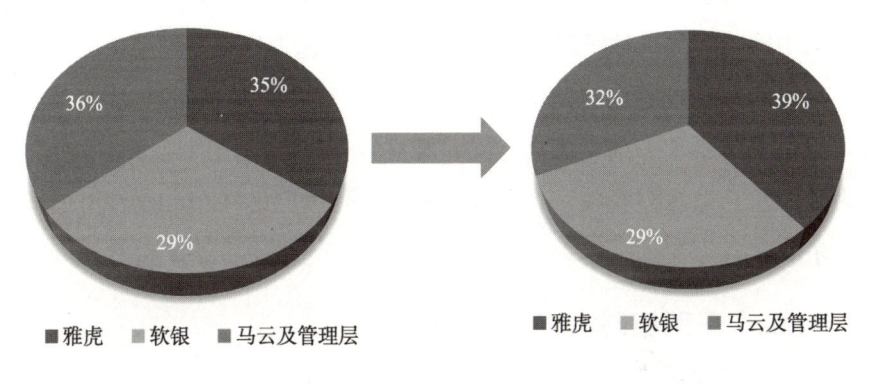

图1-1　2010年10月前后阿里巴巴的表决权结构变化图

实际上，雅虎作为风险投资者进入阿里巴巴，其本意在于实现其经济利益，并不是为了夺取阿里巴巴的控制权。但根据《中华人民共和国公司法》的精神，无论投资者的主观目的和想法是什么，只要已经成为其所投资公司的股东，那么就应该享有相应的表决权及其他权益。

对此，马云及其管理团队显然准备不足。由于马云与杨致远（雅虎时任CEO）两人私交不错，因此尽管阿里巴巴与雅虎在合作前期已经逐渐显现一些问题，两家公司合作也还算顺畅。然而，随着杨致远于2008年12月离职，在业内素有"铁娘子"之称的强硬派卡罗尔·巴茨（Carol

Bartz）继任雅虎 CEO，阿里巴巴与雅虎的关系发生转变。

在阿里巴巴方面，其于 2008 年 12 月投资 3 亿美元到"雅虎口碑"，忽视了雅虎门户业务。2009 年 8 月，阿里巴巴又宣布中国雅虎业务的新重组计划，剥离刚刚在 2008 年加入中国雅虎的分类信息业务，同时又将口碑网从中国雅虎剥离，将其并入淘宝板块。对于阿里巴巴这一系列做法，雅虎 CEO 巴茨指责马云没有把雅虎中国做好。

而雅虎方面，也做了不少伤害双方"感情"的事。2009 年阿里巴巴集团十周年庆典时，雅虎为了套现，抛售手中所持阿里巴巴 1% 股份，导致当日阿里巴巴股票大跌。2010 年年初，雅虎支持谷歌（Google）退出中国，对此，时任阿里巴巴 CEO 的卫哲谴责这是一件会让阿里巴巴在大股东和政府之间处境尴尬的"鲁莽行为"。2010 年 9 月，又值阿里巴巴集团十一周年庆典之际，雅虎宣布进军中国内地市场，吸引内地中小企业客户投放广告，直接下场与阿里巴巴在相应业务上展开竞争。

（二）争回控制权

面对频发的竞争与潜在的威胁，马云团队开始重新审视雅虎所持 39% 股份给阿里巴巴的控制权带来的不确定性，并开始考虑股权回购的必要性。马云曾公开表示："股权不应该集中在一两个大股东的手里，否则会影响业务运作。"阿里巴巴集团试图引入其他股东，同时也非常希望回购雅虎所持的股份。

在阿里巴巴 2010 年年度股东大会上，阿里巴巴时任首席财务官蔡崇信表示："阿里巴巴意识到雅虎持有的股票对阿里巴巴的影响，只要雅虎愿意出售，阿里巴巴随时都准备赎回雅虎的持股。"但是，雅虎方面一直都没有同意。巴茨曾说："阿里巴巴有一万个回购股份的理由，雅虎却没有一个卖出的理由。"雅虎多次表示，将维持阿里巴巴的 39% 持股比例不变。

雅虎不愿阿里巴巴回购股份的原因很多，其中一个重要原因就是阿里巴巴集团全资拥有的未上市资产，即淘宝网及支付宝价值不菲（据估计，当时淘宝网价值至少为 200 亿美元，支付宝价值至少 100 亿美元），这使得雅虎怀有"持宝待售"的想法。因此，当阿里巴巴提出回购要约时，雅虎要求补偿淘宝网及支付宝，因双方给出的价格差距较大，一直无法达成协议。另一个重要原因则是，阿里巴巴业务的高速增长所带来的广阔市场想象空间也使得雅虎不愿放手。

当然，雅虎也多次声称，持有阿里巴巴股份是一种战略投资行为，雅虎并不想取代马云及其管理团队，也不会干预马云对阿里巴巴的控制权。但是，雅虎的声明并不能使马云及其管理团队释然，因为这隐晦地表明主动权实际上就掌握在雅虎手上，马云及其管理团队随时都有可能被股东会解聘。但同时，马云在公开场合仍然表示："有人说阿里巴巴的方向可以随时被改掉，我并不这样认为，投资者可以炒掉我们，我们也可以换投资者，事实上投资者多得很。这一点我希望给中国所有的创业者提个声音，是投资者跟着优秀的创业者、企业家走，而不是创业者、企业家跟着投资者走，所以即使我只有几个百分点的股权，甚至我只有一股或者两股，还是可以影响这家公司的。"马云还强调，虽然外资是阿里巴巴的大股东，但是外资不会控制阿里巴巴，自己会掌控阿里巴巴的未来。但实际上，回购雅虎持有的股份，重新成为阿里巴巴的第一大股东，成为马云必须作出的选择。

1. 转移支付宝

转移支付宝是马云团队拿回阿里巴巴控制权的一个关键事件。由于支付宝业务的特殊性质，外资控股企业是无法获得牌照的，需要有中国国内企业控股身份才能在中国拿到第三方支付牌照。因此马云团队从 2009 年 6 月至 2010 年 8 月分两次把支付宝 70% 和 30% 的股份转让至其团队名下的一家公司（浙江阿里巴巴）。尽管马云此前一再声称这两次交易均经过雅虎和软银的批准，是为了获取第三方支付牌照的需要而将支付宝在名义上转成内资，其控制权仍因"协议控制"条款而处于阿里巴巴集团手中。然而，实际上马云在2011年3月就单方面终止了"协议控制"，这个行动令支付宝彻底脱离了阿里巴巴，使雅虎和软银两大外资股东不能再控制支付宝，更不会因其非股东身份而获取股利。

作为阿里巴巴的大股东却在眼皮底下被转移公司的核心资产——支付宝，在股东大会披露此事件后，雅虎估值受到重挫。消息公开第二天，雅虎股价急挫7%，且面临雅虎股东的集体诉讼，这对本来已经经营吃力的雅虎而言可谓雪上加霜。

2. 确立"合伙人"制度

为扭转并彻底避免再次出现与雅虎的控制权争夺中出现的不利局面，阿里巴巴于2010年开始在集团内试运行阿里巴巴自创的合伙人制度，又名"阿里湖畔合伙人制度"。包括马云在内的18位创始人辞去"创始人"身份，集体以"合伙人"身份回到阿里巴巴，并在招股说明书中披露。阿里巴巴官方文件表示，自公司成立以来，阿里巴巴管理层一直以合伙人的原则治理公司，并将这种精神贯穿于企业运营的方方面面，直到2010年正式确立该项制度。

阿里巴巴的"合伙人"制度借鉴了中国以及其他主要国家相关法律中的相应概念，但还是有着本质的不同。

一般意义上的"（普通）合伙人"是指共同出资、共同管理企业，并对企业债务承担无限连带责任的自然人或法人。而阿里巴巴的"合伙人"既不同于股东，也不同于董事，且不需要承担无限连带责任。虽然阿里巴巴要求"合伙人"必须持有公司一定的股份，但是"合伙人"要在60岁时退休或离开阿里巴巴的同时退出"合伙人"（"永久合伙人"除外），这与只要持有公司股份就能保持股东身份大为不同。阿里巴巴"合伙人"的职责是体现和推广阿里巴巴的使命、愿景和价值观,也就是说,阿里巴巴"合伙人"须履行的责任主要是精神和身份层面的,没有具体财产赔偿责任。

阿里巴巴"合伙人"身份也不等同于公司董事。阿里巴巴招股说明书显示,"合伙人"会议并没有取代董事会来管理公司,阿里巴巴集团董事会拥有极高的权力,"合伙人"会议的主要权力是通过提名董事会成员候选人来行使。也就是说,"合伙人"拥有提名大多数董事会成员的人事控制权,而非公司运营的直接管理权。

马云设立这种制度是为了确保创始人和管理层掌握一定的控制权,其灵感来源一是高盛和麦肯锡的治理模式,二是罗马帝国的"元老院"。阿里巴巴"合伙人"名单并不是一成不变的,阿里巴巴每年会由现有"合伙人"按照一人一票的原则提名新的合伙人,并将结果交由"合伙人"委员会审核,然后再根据审核结果进行投票。只有当赞成票不低于总票数的75%时,被提名的"合伙人"才可获得"合伙人"资格。

被提名的"合伙人"必须满足以下四点要求:

(1)具备优秀的领导能力以及良好的诚信和品质。

(2)在阿里巴巴任职满5年。

(3)对阿里巴巴的发展有突出贡献。

(4)认同阿里巴巴的价值观、使命、愿景和文化,并愿意为此而奋斗。

此外,"合伙人"还被要求持有一定比例公司股票,根据阿里巴巴实行的股权激励和股票购买计划,服务满5年便可自动获得符合要求的股权。

"合伙人"符合以下情形之一,自动丧失合伙人资格:

(1)退休。

(2)不在阿里巴巴集团内任职。

(3) 死亡或丧失行为能力。

(4) 被"合伙人"会议 50%以上投票除名。

2014年6月，阿里巴巴公布了首批"合伙人"名单（27人，如表1-2所示），当初创业团队的"十八罗汉"并未全部成为"合伙人"，只有马云、蔡崇信、彭蕾、吴咏铭、戴珊、金建杭、蒋芳7人留下。其

表1-2　2014年6月公布的阿里巴巴首批"合伙人"名单

姓　　名	性别	加入阿里巴巴年份	职　　务
马云	男	1999年	集团董事局执行主席
蔡崇信	男	1999年	集团董事局执行副主席
戴珊	女	1999年	集团首席客户官
彭蕾	女	1999年	首席人事官
金建杭	男	1999年	集团资深副总裁
蒋芳	女	1999年	集团副总裁
吴咏铭	男	1999年	集团资深副总裁
陆兆禧	男	2000年	集团首席执行官
姜鹏	男	2000年	集团副总裁
彭翼捷	女	2000年	小微金服集团副总裁
王帅	男	2003年	集团首席市场官
张剑锋	男	2004年	集团副总裁
吴敏芝	女	2000年	集团副总裁
程立	男	2005年	小微金服集团首席构架师
张宇	男	2004年	集团副总裁
童文红	女	2002年	菜鸟集团首席运营官、资深副总裁
樊路远	男	2007年	小微金服集团副总裁
胡晓明	男	2005年	小微金服副总裁、首席风险官
井贤栋	男	2007年	蚂蚁金服首席执行官
刘振飞	男	2006年	集团副总裁
邵晓峰	男	2005年	集团首席风险官
TimothyA.STEINERT	男	2007年	集团总法律顾问
王坚	男	2008年	集团首席技术官
武卫	女	2007年	集团首席财务官
俞思瑛	女	2005年	集团副总裁
曾鸣	男	2006年	集团首席战略官
张勇	男	2007年	集团首席运营官

资料来源：根据阿里巴巴集团官网资料整理

余 20 人中，陆兆禧等 9 人为阿里巴巴自主培养的管理人才，另外 11 人均为外部引进的专业人才，专业涉及财务、法律、技术等多个领域。此后，阿里巴巴集团随着战略布局的调整不断更新"合伙人"名单。

在阿里巴巴，由"合伙人"组成的"合伙人委员会"是阿里巴巴"合伙人"制度的权力核心，掌控着"生杀大权"。每届"合伙人委员会"由五位"合伙人"任职，任期为三年，可以连选连任，其最主要职责就是负责新"合伙人"的选举，以及提议并执行高管年度奖金池的分配。

按照阿里巴巴"合伙人"制度的规定，其"合伙人"拥有董事会中大多数董事人选的提名权；由此提名产生的董事会人数不足董事会成员总数的一半时，合伙人还有权指派额外的人来临时填补空缺，直到下一年度的股东大会重新选出董事，以此来保证"合伙人"团队对董事会的控制权。同时，阿里巴巴还规定，"合伙人"行使上述重要权力无需获得股东大会批准，再加上其"合伙人"大多是由马云带领的管理层所构成，外部股东持股比例的高低几乎无法对阿里的实际控制权产生影响，由此减弱了公司控制权与股权资本的高度绑定。

阿里巴巴"合伙人"制度与双重股权制度的不同之处在于，双重股权制度是发行两种不同类型的股票，其中 A 类股票为普通股，一股对应股东大会上的一份投票权，B 类股票为特殊股，一股对应股东大会上多份投票权（如 10 份甚至更多，由公司章程具体规定）。例如，京东集团创始人刘强东所持京东的 B 类股票被设计为 1 股对应 20 份投票权，从而实现对京东的（相对的）绝对控制。双重股权制度是创始股东通过持有超级投票权的 B 类股票来实现以较少的股份获得较多的投票权，其本质还是将控制权与股权挂钩。而阿里巴巴的"合伙人"制度则是通过直接获得董事会人选提名权来实现控制，相较于双重股权制度，其受股权资本的影响更低。

不同于中国的《公司法》和中国香港联交所《上市规则》，美国纽约证券交易所的《公司治理最终规则》（Final NYSE Corporate Governance Rules，NTSE，2003）第303A.01项条款规定，上市公司董事会的大多数董事必须是独立董事（公司50%以上表决权被某个人、集团或公司持有的除外），而前两者并没有此项规定。由于阿里巴巴集团已于2014年在纽交所上市，所以若要对合伙人制度进行变更，董事提名程序的修订需要获得全体独立董事的一致同意；除此之外，还要获得股东大会95%以上赞成票方可通过。这项规定的设立使得外部对阿里巴巴"合伙人"制度的挑战在事实上是几乎难以实现的。

阿里巴巴的"合伙人"制度赋予了"合伙人"一种特殊的决策权，它不以股权为基础，这使得公司股权结构的变动（几乎）不会影响到"合伙人"团队对董事会的控制，而"合伙人"团队中又是以马云为首的管理层占多数。通过这种方式，马云团队从根本上摆脱了股权比例较低可能带来的控制权危机，从而在真正意义上控制了阿里巴巴。

3. 软银积极协调

马云与雅虎对阿里巴巴的控制权争夺让另一大股东软银的CEO孙正义成为平衡双方关系的"关键先生"——如果雅虎现阶段只谋求财务回报，可以选择不行使大股东权益，雅虎和阿里巴巴管理层可能暂时相安无事；如果作为阿里巴巴集团第一大股东的雅虎希望得到更多包括控制权在内的权益诉求，是有权根据公司章程行使其大股东权益的（在不同公司的实践中，具体权益取决于公司章程的设计）。此时，软银成为最后的决定者。

如果雅虎能争取到软银的支持，两者总共拥有的董事席位总数将超过阿里巴巴管理层，投票权总数也将达到68.3%，即超过2/3，无论是在董事会层面，还是股东大会层面，都能获得对阿里巴巴的绝对控制权。同时，更换CEO的可能性也将同样存在。相应地，如果马云团队能够获得软银的支持，两者投票权总数也能过半，也能实现对阿里巴巴控制权的掌握。从软银角度来看，其只是阿里巴巴的第三大股东，尽管支付宝业务被转移使得软银面临超过 10 亿美元的账上损失，但如果雅虎持续持强硬态度并采取相应行动的话，这对阿里巴巴集团市值造成的损失可能会更大，所以软银必须找出一种折中的办法。

在控制权之争因支付宝事件即将进一步升级的情势下，软银作出了积极反应：一方面，孙正义找到马云，表明自己不满的态度，但并未单方面跟马云商谈关于支付宝业务转移的赔偿金额，因为此时只靠软银单打独斗无法争取到相对最大的利益补偿；另一方面，软银跟雅虎美国总部的董事会联系，建议雅虎在维护利益的同时尽量保持克制态度。

在软银的积极协调下，雅虎创始人杨致远与马云共同商谈关于支付宝业务的后续处理，马云与雅虎和软银签订了关于支付宝业务被转移的补偿协议。协议商定，支付宝除须每年提供 50%的利润补偿给阿里巴巴外，未来上市时还须一次性补偿其市值 37.5%给阿里巴巴（估值区间为 20 亿～60 亿美元）。至此，在软银的斡旋下，阿里巴巴高管团队与雅虎的控制权冲突走向缓和。

4. 达成回购协议

老牌互联网巨头雅虎在与马云团队争夺阿里巴巴控制权之时，其实已经浮现诸多问题。在广告业务上，雅虎面临着 Google 和 Facebook 的重力冲击；搜索业务上，其早已败于 Google。同时，雅虎管理层也不能保持稳定，频繁更换 CEO。

2012 年 7 月，玛丽莎·梅耶尔（Marissa Mayer）出任雅虎 CEO，在 Google 做产品经理出身的她开始将雅虎带回务实的道路上——开发新产品，而这无疑需要庞大的资金支持。鉴于雅虎当时的处境，梅耶尔需要卖掉所持有的阿里巴巴股份才能换取足够的资金。

▶ 公司治理：实践案例与基础理论

2012年5月12日，阿里巴巴联合雅虎宣布，双方已经就股权回购一事签署最终协议。阿里巴巴计划以"63亿美元现金+不超过8亿美元的新增阿里巴巴优先股"来回购雅虎手中所持有的阿里巴巴最多20%的股权。根据协商，阿里巴巴的估值最终被确定为350亿美元。交易完成后，雅虎仍然持有阿里巴巴约20%的股份。

协议还明确了回购程序的剩余框架：如果阿里巴巴在2015年12月前进行IPO，则阿里巴巴有权以首次公开募股价回购雅虎持有的剩余股份中的一半，即阿里巴巴10%的股份，或者允许雅虎在IPO时出售；IPO禁售期后，阿里巴巴须在雅虎认为适当的时机协助其处置所持有的剩余股权。

协议同时注明，无论阿里巴巴在IPO时融资情况如何，均须回购雅虎当前所持阿里巴巴股份的1/4（即阿里全部股份的10%）以上，最多不得超过1/2（即阿里全部股份的20%）。这些交易应在6个月内完成。

而且，双方声明强调：协议中并不存在对阿里巴巴必须上市的法律约束，且一旦上市，阿里巴巴将有权回购剩余股份。因此，阿里巴巴对雅虎剩余所持20%股份的处置拥有选择权，这样既不会使阿里巴巴增加财务负担，也有利于形成更加合理的股东结构。

同时，阿里巴巴与雅虎在联合声明中表示，此次交易完成后，新的公司董事会中，软银和雅虎的合计投票权将降至50%。作为交易的一部分，雅虎将放弃委任第二名董事会成员的权力，也放弃一系列与阿里巴巴战略和经营决策相关的否决权。阿里巴巴的董事会成员数量将维持2∶1∶1（阿里巴巴∶雅虎∶软银）的比例。

对于雅虎来说，这次交易为其提供了一个平衡的分阶段退出方案，产生了超过10倍的优厚短期回报，在为雅虎股东带来现金回报的同时，还将有机会参与阿里巴巴未来的价值创造；对于阿里巴巴来说，按照目前的交易结构，阿里巴巴也将强化自身控制权。这是一个"双赢"的结果。

三、股权之争中的"弱者"

阿里巴巴是1997年在开曼群岛注册成立的，因此其集团的整体经营管理主要遵循开曼群岛的公司法，而被业界称为"最佳离岸金融中心"的开曼群岛对注册企业的监管约束力较弱。比如，对董事会会议要求很低，没有固定的召开时间要求，只规定在有需要的时候可以随时召集人员进行讨论。所以像阿里巴巴这种离岸注册的企业往往是"董事会中心主义"的治理模式，在这种模式下，股东地位被弱化，导致后面出现了阿里巴巴内部被马云团队单独控制的局面。同时，阿里巴巴的主要经营地点在国内，必然受到国内相关部门和法律的制约，但是对于在开曼群岛等地注册的离岸公司出现公司治理内部问题，我国法律尚未有严格的相关制度规定。

在实践中，为解决来自外国的战略投资者可能具有的投机性给经济带来的风险，2005年中国证券监督管理委员会联合商务部国家税务总局、国家工商行政管理总局、国家外汇管理局等机构颁布了《外国投资者对上市公司战略投资管理办法》以限制外国资本，但是阿里巴巴这样的离岸注册的民营企业是不适用于此法规的。因此，在支付宝业务转移和阿里巴巴B2B业务私有化的进程中，中小投资者只能默默地承受大股东之间股权争斗带来的损失。

图1-2所示，在2011年7月29日马云团队跟两大股东达成关于支付宝赔偿协议后的首个交易日（8月1日），阿里巴巴股价由10.68港元上升到11.50港元，升幅达7.7%，这显示出市场普遍期待支付宝控制权的转移并能单独打包上市，中小投资者也都希望凭借这份协议能够弥补此前阿里巴巴股价大跌的损失。但是，阿里巴巴次日就表态称，

▶ 公司治理：实践案例与基础理论

包括淘宝网和支付宝在内的其他业务近期均没有单独上市计划，这意味着中小投资者因支付宝转移等负面消息造成的损失无法从阿里巴巴的整体上市中得到弥补。在随后 4 个交易日中，阿里巴巴的股价累计下跌 0.96 港元，跌幅达 8.84%（同期恒生指数的跌幅为 1.98%），反映出中小投资者普遍失去信心。

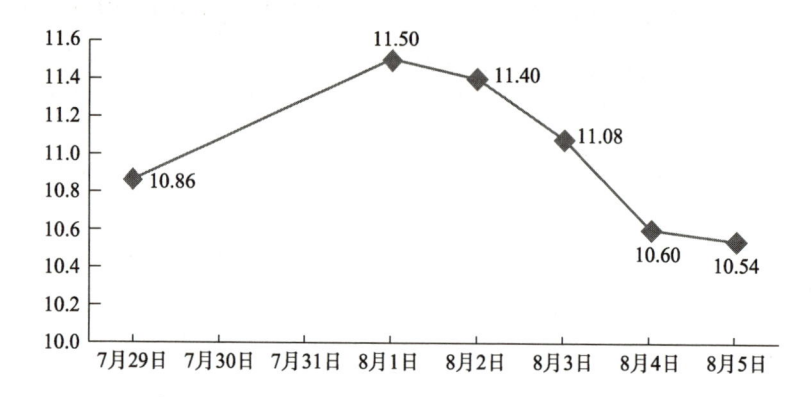

图 1-2 阿里巴巴 2011 年 7 月 29 日—8 月 5 日股价走势图（单位：港元）

可见，三大股东之间的协议只是三方的协商共赢，但是广大中小投资者的利益却无法从中得到有效的保护。

如图 1-3 所示，从 2011 年 5 月 11 日支付宝转移事件被雅虎披露，直到达成赔偿协议，这 3 个月中，阿里巴巴的股价狂泻 4.83 港元，跌幅达到了惊人的 35.46%，其间一直持有股票的中小投资者利益遭受严重损失。

随着关于支付宝更多的交易细节被披露，市场对阿里巴巴普遍持一种不信任的态度。股价的每况愈下使到阿里巴巴的声誉也受到严重影响，根据阿里巴巴 2011 年第四季度的财务报告，B2B 业务在当期净利润同比下降 6%。这是自 2009 年金融危机以来，阿里巴巴首次单季度净利润呈下降趋势。

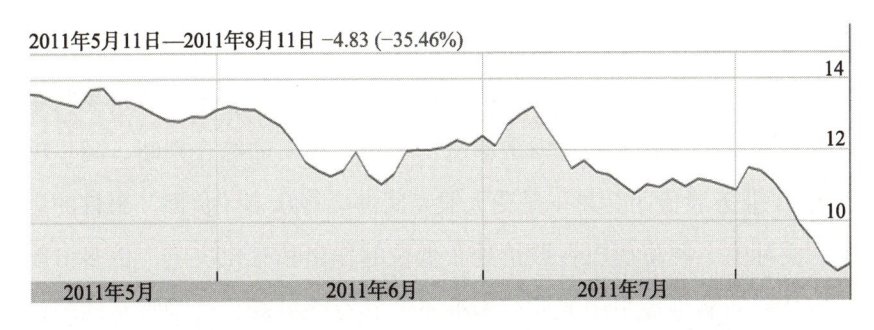

图 1-3　阿里巴巴 2011 年 5 月 11 日—8 月 11 日股价走势图（单位：港元）

虽然阿里巴巴集团已经宣布短期没有上市计划，但仍有不少投资者都继续持股，希望能等到支付宝和淘宝网等核心业务上市的一天。然而，阿里巴巴在 2012 年 2 月底私有化的公告打破了中小投资者最后一丝希望——阿里巴巴公告宣布，以 13.5 港元的价格回购流通股份，B2B 业务私有化退市。阿里巴巴的做法引起了市场的极大回响。

阿里巴巴的公告称，这是给一直支持阿里巴巴业务发展的中小投资者一个变现的机会。表面上，按公告中所称，以公告当天股价加上 50%溢价作为收购价的确是一个不错的投资收益。然而，这样计算得到的"13.5 港元"价格正好是阿里巴巴 2007 年上市时的发行价，在 2007—2012 年期间内，阿里巴巴的股价最高曾突破 40 港元大关，并且在很长的一段时间内，阿里巴巴的股价均高于 13.5 港元，即使是支付宝转移事件被披露当天，其 13.58 港元的股价也高于此 13.5 港元的收购价。显而易见，对于大量在高位买入的中小投资者而言，这项回购公告对其而言是非常难以接受的。2012 年私有化的收购价与 2007 年上市当天的发行价持平，意味着阿里巴巴在这四年多的时间里无偿使用了从股民那里募集 17 亿美元的无息贷款。此外，考虑到当时人民币对美元的汇率持续走强，已经从 2007 年 11 月的 1∶7.4 左右上升到 2012 年 3 月的 1∶6.3 左右，这相当于阿里巴巴从汇率变化中额外得到了 15%的资本增值。

阿里巴巴的公告称，私有化的原因之一是为避免 B2B 业务的声誉受到公开市场上低迷股价的拖累，但这个理由有待商榷——股价反映了投资者根据企业财务和非财务信息的表现而作出的综合判断。阿里巴巴 B2B 业务股价的低迷正是受大股东间博弈等众多"负面"事件的影响。实际上，阿里巴巴在股价处于低位时作出私有化决定，更多可能是为日后回购雅虎手中的股权做准备。私有化可避免一些强制性的信息披露，并可绕开证券法规的监管，回购雅虎股权将变得容易许多。从这一角度而言，阿里巴巴私有化只是股权之争的继续，但是为了回购股权这个战略目的，在一定程度上是以牺牲中小投资者利益为代价的。

模块二 基本问题与拓展分析

一、"合伙人"制度

Q1：如何认识阿里巴巴的"合伙人"制度？

充分理解阿里巴巴"合伙人"制度之前，首先需要明确"一股一票"制、特殊股权制度。

1. "一股一票"制

"一股一票"制的特点是股份和投票权是对等的。

依照中国《公司法》的规定，股东按持股比例享有相应的投票权，股份越多票数越多（《公司法》第一百一十六条规定，股东出席股东会会议，所持每一股份有一表决权）。

当股东持有的股份占总股本的 50%以上时，理论上就可以实现对企业的绝对控股，股东持股比例在 20%～50%之间则为相对控股，股东持股比例在 20%以下为分散控股，控股股东可以对企业的经营决策和人事变动施加重大影响。

"一股一票"制度保障了财产性资源优势者的控制权需求，股东投入的财产性资源通常通过作价入股形成股权资本，其中资金资源的流动性最强，就构成了股东最主要的出资形式，这些资本在企业组织层面的制度化控制就表现为股东大会的投票权。该制度是传统公司治理体系的普适基础，是股东权力来源的重要依据。

2. 特殊股权制度

特殊股权制度中最具代表性的就是在互联网公司中较为流行的双重股权制度。

双重股权制度的作用机制就是通过发行两种不同类型的股票，通常将普通股股票称为"A类股票"，遵循传统的"一股一票"逻辑，即一股对应股东大会上的一份投票权；将特殊股股票称为"B类股票"，其一股对应有多份投票权，具体投票权份数则由公司章程规定。B类股票的设计是双重股权制度的关键，股东（往往是创始人，或者重要高管）通过持有B类股票，从而获取"超级投票权"，以此来达到以相对较少股份（本质即为较少的资金占用）来实现相对最大控制能力的目的。

3. 阿里巴巴"合伙人"制度

另一种特殊股权制度就是阿里巴巴独创的"合伙人"制度。

需要强调的是，这里的"合伙人"是一种借用称呼，其与《公司法》和《合伙企业法》中对合伙人的定义有着本质区别。阿里巴巴独创的"合伙人"制度实质是一种特殊的分类董事制度，通过公司章程赋予被称为"合伙人"的管理层及关联人团体一定比例的董事提名权，从而实现真正控制公司的目的。这种制度越过了股权的资本逻辑，是一种新型的控制方式。

"合伙人"制度和双重股权制度的不同之处在于，双重股权制度是发行两种不同类型的股票，部分股东通过持有"超级投票权"的 B 类股票来实现以较少的股份获得较多投票权，其控制权在本质上仍是与股权挂钩的；阿里巴巴的"合伙人"制度则是通过直接获得董事会人选提名权来实现控制，相较于双重股权制度，受股权资本的影响更低。

Q2：阿里巴巴"合伙人"制度在其股权争夺中起怎样的作用？

阿里巴巴对其"合伙人"制度的规定："合伙人"拥有董事会中大多数董事人选的提名权，如果由此提名的董事会人数不足董事会成员总数的一半时，"合伙人"有权指派额外的人来临时填补空缺，直到下年度股东大会重新选出董事位置，以此保证对董事会半数以上的控制权。关键的是，"合伙人"行使这一权力无需获得股东大会批准。同时，"合伙人"大多是由马云带领的管理层团队所构成。这样一来，持股比例的高低几乎无法对控制权产生影响，由此减弱了控制权对股权资本的依赖。

阿里巴巴能够建立起自己的"合伙人"制度，高度依赖于马云团队优质的人力资本和社会资本，是基于这两类关键资源"量身打造"的一套权力运作系统。其中规定的"不平等"条约实际上是告诉外部投资者"你们不懂业务模式，但我们懂，你们只需要做出资者就够了"。事实上，在阿里巴巴设计并推出其"合伙人"制度之时，雅虎和软银所占股权比例之和已超过 50%，如果这两大股东联合起来反对，阿里巴巴的"合伙人"制度也不会那么容易建立起来。相反，两大股东当时对这项制度表示了支持。这正是因为马云团队所拥有的包括企业家洞察与洞见、管理和执行等诸多能力都具有相当的稀缺性和不可模仿性，并且难以转移，一旦马云等人离职，阿里巴巴的发展可能会陷入混乱。

阿里巴巴的价值观和企业文化是以马云为首的创业团队一手打造的，且很大一部分"合伙人"是与马云一道"打江山"走出来的，故这一举措也是对马云团队人力资本的进一步增持。作为阿里巴巴的"永久合伙人"之一，马云拥有在 60 岁以后依旧保持"合伙人"资格的权利。"合伙人"制度对阿里巴巴的影响深远，不仅保持了马云团队的控制权，还为阿里巴巴的长期发展奠定了良好的制度基础，为其企业文化的传承和发展创造了良好的氛围。

二、风险投资

Q1：企业为什么会引入风险投资？

风险投资是企业，尤其是初创企业获得融资的重要途径。要了解企业为什么会引入风险投资，首先要了解初创企业（一般多为中小企业）的融资困境。

资本是企业的血液，长期以来，融资难一直是制约企业，尤其是中小企业，发展的瓶颈。通常，如阿里巴巴等高科技企业创业初期一样，其创始人往往是技术专家，自有资本不足，且创业失败率非常高，故很难通过一般的商业银行融通资金。另外，由于通过资本市场进行融资对企业前期盈利性要求更高，再加之诸多限制条件，初创期的高科技企业到资本市场融资的难度非常大。

风险投资的独特机制可以为风险极高的高科技企业提供必要的资本。只要投资者（机构）认为企业（项目）有潜力就可以投资，没有融资的硬性条件门槛。因此对处于创业初期的企业来讲，风险投资无疑是最适合的方式，因而也被初创企业称作"天使投资"。

初创期的阿里巴巴既没有可能从对信用和安全要求较高的银行得到贷款，更不具备发行股票和债券的条件，寻求不看现在、着重未来，并且几乎是零融资条件的风险投资几乎是当时马云唯一的融资选择。风险投资有利于帮助企业获得企业发展所需资金，帮助初创企业走出融资困境，所以受到企业，尤其是初创企业的青睐。

Q2：如何认识风险投资型股东？

风险投资者一般以参股的形式将资金投入创业企业，待企业发展壮大后，再以股权转让等形式收回投资，取得增值。可见，风险投资是一种通过投资持有创业企业的股份的股权投资，因此风险投资商就是股东，因此享有股东的权利和义务。

正如在本案例中，雅虎是风险投资商，也因此成为阿里巴巴的股东，可以依据相关法律和阿里巴巴公司章程行使股东权利，并承担股东义务。至于在实践中它是否愿意积极行使权利，则是另外一回事。比如，在阿里巴巴当时的股权结构中，雅虎已经是第一大股东，如果它要行使股东选择管理者的权利，是可以派出自己的代言人取代原有管理团队的，而不一定是阿里巴巴创始人马云掌握主动权。退一步讲，即使雅虎真正的目的不是长期持有阿里巴巴的股权，在法律上的主动性也会为其提供更多谈判筹码，马云团队"赎回"股份、重获控制权将付出更大代价。

当然，风险投资型股东与普通股东，尤其是创始股东还是有差别的。风险投资型股东投资某个企业项目的最根本目的并不是长期持有，而是通过将企业或项目做大、增值，甚至上市，最后回购套现获取价值回报。也就是说，风险投资型股东从投资的第一天起，就想着退出，即如何将投资增值变现，再继而寻找新的项目。风险投资的本质是财务投资，主要目的在于获取利润，而不是控制所投资的企业。

就本案例而言，雅虎是否真的愿意留在从价值观到执行体系都已深深打上创业者马云烙印的阿里巴巴呢？雅虎新闻发言人评论说："作为阿里巴巴集团的股东，对我们公司和公司股东来说，这笔投资是有意义的。作为投资者，雅虎没有涉足阿里巴巴集团的运营管理，我们非常支持马云及其团队对阿里巴巴集团进行的管理。马云是这个时代最为令人印象深刻的企业家之一。关于雅虎和阿里巴巴事宜，我们所做的任何决定都将以股东利益最大化为出发点。"可见，雅虎还是将自己定位于阿里巴巴的短期投资者，而不是想长期留在阿里巴巴。

但问题在于，《公司法》及相关法律并未从投资逻辑上区分创始股东、风险投资股东和其他类型股东，这意味着，在公司章程没有相关规定或没有特别协议约定的情况下，公司控制权仍然应该依据股权比例决定。因此，公司的创始股东不应被风险投资、战略投资或财务投资的表象所迷惑，一定要认识到，风险投资者、战略投资者、财务投资者都是股东，如果没有在特别协议和公司章程中对其权利作出额外限制，这些投资者都享有与创始股东相同性质的权利。

本案例中，阿里巴巴与雅虎在 2005 年签订的投资合同对风险投资者雅虎的股东权利作了很多限制。例如，限制雅虎的表决权（两者协议将雅虎所持阿里巴巴 5%的表决权交由马云团队行使）；限制雅虎选择董事席位的数量；承诺马云只要仍是股东（最少有 1 股股票）即可委派一名董事，以及马云不会被辞退等条款。不过，这些限制性条款都在 2010 年 10 月到期。从我国《公司法》来看，这些限制性条款到期后，风险投资者雅虎就拥有与创始股东马云同样的股东权利，而且雅虎作为第一大股东，对阿里巴巴拥有比马云更大的控制权，从而严重威胁到创始者马云及其团队对阿里巴巴的控制权。

Q3：风险投资如何对公司治理（公司控制权）产生影响？

风险投资型股东的投资逻辑是财务投资，通常只参股，无意控制公司的日常经营，更不会"抢班夺权"。在实践中，公司获取第一轮投资时，多数风险投资者要求获得公司的股份往往低于创始股东的股份；在有 3~5 个席位的董事会里，风险投资者也只占 1 席或 2 席，公司具体事务往往由创业者领导的管理团队掌控。

但是，需要强调的是，风险投资型股东在董事会里的席位虽是少数，但通常会要求持有一个"尚方宝剑"——"一票否决权"。这样，即便风险投资型股东的权益资本在公司中不占多数，也能对公司经营活动拥有一定的风险控制权，如对公司重大事项的一票否决权等。这是由于初创公司的大部分运营资金来自风险投资型股东，且其运营绩效（创业结果）的风险性相对较高。为保证风险投资者的权益，降低投资风险，风险投资型股东需要通过类似设计来形成与公司原始股东之间的相互制衡。

另外，通常情况下，风险投资协议往往约定：如果公司在接受风险投资后，再有后续融资轮次，原来的风险投资型股东有权追加投资以保持股份比例，而新入风险投资者也一定会要求持有股份，这样，创业者及其团队的股份会不断被稀释。股权结构控制得当的话，或许创业者及其团队还有可能保留大股东地位。如果公司股权本身就比较分散，再经过多轮的融资后，某些投资者就可能取代创业者成为最大的股东了。

本案例中，马云及其管理团队作为创始股东最初是牢牢控股的，但随着风险投资的不断引入，逐渐在票面上丧失了对阿里巴巴的控制权，尤其是2005年雅虎投资进入阿里巴巴成为第一大股东，马云及其管理团队则退居第二大股东，在一定程度上丧失了对公司的控制权。另外，风险投资者投资时，往往会要求签订业绩对赌协议，即约定如果公司经营业绩没有达到既定目标，就要给风险投资者更多的股份补偿。一旦风险投资者拿到更多的股份补偿，又会将创业者的股份进一步稀释，甚至有些创始股东会因为股权被稀释以至于最终被风险投资者反客为主。在我国，这方面较早的实践案例莫过于"太子奶"的创始人，就是因为轮番引入风险投资，逐步丧失了对公司的控制权，最后反被风险投资者"扫地出门"。

在阿里巴巴案例中，后来发生的股权争夺并不是由对赌协议导致创始人股权稀释，而是马云团队初期因为迫切需要大量资金而直接让渡了过多股份，导致被动局面。阿里巴巴在发展历程上，不断进行风险融资，每一次引入风投，马云团队的股权就被不断地稀释。从马云团队与雅虎对阿里巴巴的控制权之争来看，马云团队在引进雅虎这个风险投资者时，是明确让雅虎占有阿里巴巴 40%的股权的。直接让渡如此高比例的股权给风险投资者，这在一般风险投资案例中还是比较少见的。实际上，如此高的持股比例使得雅虎在 2005 年进入阿里巴巴时就已经成为其第一大股东，从股权比例来说，马云创业团队当时已经丧失了对公司的控制权。

风险投资对于一些初创期、成长期的企业发展起了至关重要的作用。一些创业者在创业之初，由于缺乏资金支持，经常处于"断粮"的境地，有很多有前景的项目都是因为缺乏资金支持而夭折。所以，对于绝大多数创业型企业来说，它们和风险投资者相比处于弱势地位，融资时往往被对方开出极不利的条件，但为了企业生存和当下发展，往往别无选择，只能被迫接受，这也就为企业未来的控制权问题埋下隐患。阿里巴巴案例中，虽然马云团队后来重新夺回控制权，但代价也是巨大的，而且其得以实现带有一定程度的偶然性，是多方面因素综合作用的结果：一是雅虎自身麻烦不断，自顾不暇，它不能冒着撤换马云团队致其自身投资失败的风险；二是阿里巴巴的飞速发展也使其能够负担回购的巨大代价（上百亿美元）。倘若面临这些问题的是别的企业，恐怕结果就是另一番局面了。马云和雅虎的控制权争夺对所有创业者如何对待风险投资具有典型的借鉴意义。

可见，引入风险投资对创始股东及其团队而言，最大风险就是控制权风险。这种情况的出现的原因很多，比如，创业者过分自信，认为企业离不开自己；创业者对资金的过分渴求，忽视了《公司法》的一般规则；创始股东与风险投资者签订了不合理的对赌协议；等等。因此，作为创业者或公司所有者，在引入风险投资的时候，要特别防范引进的风险投资过分稀释股权，须高度注意保持对公司的控制权。

Q4：马云为代表的创始股东如何重新夺回公司的控制权？

可以从很多方面展开分析，这里以"经理管理防御相关理论"为基础展开。该理论可追溯到伯利和米恩斯（1932）提出的公司所有权与控制权分离时而导致的经理与股东之间的利益冲突，而Stulz（1988）正式把此理论进行系统阐述，其建立的相关模型认为，"经理所有权与企业价值呈凹形关系，当经理的控制权和所有权增加时，经理的壁垒效应将会超过其激励效应，对企业价值产生消极影响"。

狭义的经理管理防御仅指经理针对各种反并购、反接管的措施，而现实中经理行为由广义的管理防御描述更为恰当，即包括对企业组织结构的调整、人力资源的分配等可以降低股东、董事会解雇管理者可能性的一些措施，壁垒效应的存在将可能导致投资过度或投资不足等一系列影响公司绩效的问题。

在本案例中，马云的角色不仅是第二大股东，而且是阿里巴巴集团的首席执行官，直接作出公司的重大决策，双重角色让马云成为控制性股东。因为合约条款规定，2010年10月后，雅虎将可以获得与其股权对等的投票权和董事会席位，对于兼为企业创始人和管理者的马云而言，其原来在公司绝对的管理地位受到威胁，必须采取管理防御措施以保证自身在集团的话语权。

1. 专属性的业务投资

进行专属性的业务投资是管理防御的一种措施，是指企业的实际控制人利用自身对某项业务的熟悉和掌握，加大企业在这方面的投资，而对其他业务选择性地放弃，进而提升自身对企业的重要性。

马云及其管理团队的优势在于更熟悉中国电子商务市场，因此选择在这个领域进行大幅投资，投资上百亿元投资兴建物流基地，每年为淘宝网和支付宝的免费策略补贴十数亿元,此举确保了阿里巴巴在中国,甚至全球电子商务市场的市场地位。由于阿里巴巴集团价值很大程度上是依靠电子商务的表现,马云团队又利用企业实际管理者的角色进一步加大对电子商务方面的专属性投资,这使马云团队在企业中有了更大的话语权,因此形成了很强的管理防御壁垒。威廉姆森(1979)指出专用性的资产一旦脱离了特定团队,其价值可能荡然无存——阿里巴巴电子商务这个最重要的资产价值与马云团队是紧密联系的,脱离了马云团队,其资产价值可能会大打折扣。

2. 专用性的人力资本

马云也通过任用自己团队的"元老"不断加入核心管理层,形成专用性的人力资本,这些人力资本为马云构建了更有力的防御壁垒。阿里巴巴专用性人力资本的建设最明显地体现在马云创业团队的"十八罗汉"上。

如表1-3所示,马云把自己团队的创业元老放到集团公司的各条战线上,由上而下地灌输自己的意志,使旗下员工都对自己的权威绝对服从,雅虎如果要更换马云将极可能影响整个企业的军心,专用性人力资本的威力由此体现。

表1-3 马云团队"十八罗汉"担任职务表

姓 名	担 任 职 务	姓 名	担 任 职 务
马云	集团主席	蔡崇信	首席财务官
彭蕾(孙彤宇妻子)	首席人力官兼支付宝CEO	孙彤宇	淘宝网CEO(已离职)
吴泳铭	一淘总裁	金建航	集团资深副总裁
盛一飞	支付宝产品部总监	韩敏	支付宝市场运营部总监
戴珊	集团执行董事	楼文胜	B2B规划师
谢世煌	B2B资深总监	金媛影	资深经理
师昱峰	集团资深总监	周悦虹	技术部总监
麻长炜	用户体验总监	饶彤彤	国际事业部总监
蒋芳	总经理助理	张瑛(马云妻子)	集团资深顾问

Q5：创始股东如何保障公司控制权？

阿里巴巴与雅虎的控制权之争始于 2005 年。马云团队与雅虎签订协议中的关键条款，使马云团队极大可能丧失对阿里巴巴的控制权，甚至被集体辞退。如果马云团队当初在签订协议的时候更注重对创始股东的权益保护，就有可能避免这种进退两难的境地。那么，对马云等创始股东而言，有哪些办法可以防止自己丧失公司控制权？

从法律上来看，对于创始股东控制权的保障还是有很多选择的。例如，可以通过优先股和普通股的区分设计来控制风险投资者，让风险投资者在利润分配上优先，但放弃相应表决权；设计一些特别条款来保护创始股东的利益，如设立股东股权比例与股东表决权比例区别对待、表决权比例不一定与股权比例挂钩条款，或其他限制风险投资商表决权的条款；规定创始股东享有优先表决权及保留创始股东及其代表人的董事会席位等；拟定反摊薄（或反稀释）条款（anti-dilution）等。

这些规定既可以体现在公司章程中，也可以在具体投资协议中约定。在风险投资者进入的时候，拟定一份详细的投资协议（投资条款清单）是一个不错的选择。投资协议就是风险投资者与融资企业就未来的投资交易所达成的原则性约定。投资协议中除约定投资者对被投资企业的估值和计划投资金额外，还应包括被投资企业应负的主要义务和投资者要求得到的主要权利，以及投资交易达成的前提条件等内容。在投资条款协议中可就创始股东的控制权问题作出专门规定。

一份典型的投资条款协议包括：

（1）投资金额、（充分稀释后的）股份作价、股权形式。

（2）达到一定目标后（如 IPO）投资公司的增持购股权。

（3）投资的前提条件。

（4）预计尽职调查和财务审计所需时间。

（5）优先股的分红比例。

（6）与业绩挂钩的奖励或惩罚条款。

（7）清算优先办法。

（8）优先股转换为普通股的办法和转换比率。

（9）反稀释条款。

（10）优先认股、受让（或出让）权。

（11）回购保证及作价。

（12）被投资公司对投资公司的赔偿保证。

（13）董事会席位和投票权。

（14）保护性条款或一票否决权，范围包括：①改变优先股的权益；②优先股股数的增减；③新一轮融资增发股票；④公司回购普通股；⑤公司章程修改；⑥公司债务的增加；⑦分红计划；⑧公司并购重组、出让控股权、出售公司全部或大部分资产；⑨董事会席位变化；⑩增发普通股。

（15）期权计划。

（16）知情权，主要针对经营报告和预算报告。

（17）公司股票上市后以上条款的适用性。

（18）律师和审计费用的分担办法。

（19）保密责任。

（20）适用法律、诉讼地点。

总之，在引进风险投资的时候，创始股东要充分重视投资协议的拟定，注意防范投资协议陷阱。充分、合理地运用投资协议对于保护创业股东的股权、控制权是十分有利的。同样，这对风险投资者的合理权益也是重要的保障方式。

三、中小股东权益保护

Q1：控制权之争是否损害中小股东权益？

经济学家阿克洛夫（George Akerlof）在20世纪70年代提出"信

息不对称"理论（Asymmetric Information），认为市场环境大多呈现信息不对称的状态。在投资情境中，作为卖方的企业管理者往往比作为买方的投资者掌握更多的企业内部信息，这使得投资者在投资时并不能充分获取并依据有效的信息进行投资决策，处于劣势地位。在现代公司治理中，信息不对称主要存在于委托人和代理人，以及控制性股东和中小股东之间，前者表现为代理人掌握了更为充分的企业内部资料，为了私人利益而对委托人欺瞒信息，作出不利于委托人的决策；后者表现为控制性股东利用控制地位建立信息优势误导中小股东，甚至侵吞其利益。

本案例中，中小投资者成为阿里巴巴控制权争夺的"牺牲品"。随着支付宝转移事件和阿里巴巴 B2B 业务私有化事件的发生，中小投资者只能默默地承受控制权争夺导致的系列损失——如案例中描述的，阿里巴巴公开表态支付宝和淘宝网没有上市计划，中小股东因支付宝转移的负面消息造成的损失无法从集团的整体上市中得到弥补；发布的退市公告中，给出的收购价让大量在高位买入的中小投资者损失巨大；等等。

Q2：如何保护中小股东的权益？

保护中小股东权益可以从以下角度入手：

1. 表决方式

1）累积投票权制度

累积投票权制度是股东选择公司管理者的一种表决权制度，按照适用的效力不同，累积投票权制度可以分为两种：一是强制性累积投票权制度，即公司必须采用累积投票权制度，否则属于违法。二是许可性累积投票权制度。许可性累积投票权制度又分为选出式和选入式两种，前者是指除非公司章程作出相反的规定，否则就应实行累积投票权制度；后者是指除非公司章程有明确的规定，否则就不实行累积投票权制度。

2）类别股东表决制度

类别股是指在公司的股权设置中，存在两个以上的不同种类、不同权利的股份。类别股东表决制度，是指一项涉及不同类别股东权益的议案，需要各类别股东及其他类别股东分别审议，并获得各自的绝对多数同意才能通过。通过该制度，中小股东就有机会为自身的利益对抗大股东的不公正表决。

3）建立表决权排除制度

表决权排除制度也被称为表决权回避制度，是指当某一股东与股东大会讨论的决议事项有特别的利害关系时，该股东或其代理人均不得就其持有的股份行使表决权的制度。

4）完善中小股东的委托投票制度

委托投票制是指股东委托代理人参加股东大会并代行投票权的法律制度。在委托投票制度中，代理人以被代理人的名义，按自己的意志行使表决权。

2. 股东权利

1）强化小股东对股东大会的请求权、自行召集权和提案权

（1）请求权。我国《公司法》规定，单独或者合计持有公司百分之十以上股份的股东请求时，应在2个月内召开临时股东大会。

（2）自行召集权。我国《公司法》规定，股东会会议由董事会召集，董事长主持；董事长不能履行职务或者不履行职务的，由副董事长主持；副董事长不能履行职务或者不履行职务的，由半数以上董事共同推举一名董事主持。董事会不能履行或者不履行召集股东会会议职责的，监事会应当及时召集和主持；监事会不召集和主持的，代表十分之一以上表决权的股东可以自行召集和主持。

（3）提案权。股东提案权是指股东可就某个问题向股东大会提出议案，以维护自己的合法权益，抵制大股东提出的或已通过的损害小股东利益的决议。股东提案权能保证中小股东将其关心的问题提交给股东大会讨论，实现对公司经营决策的参与、监督和修正。

2）建立中小股东维权组织

由于中小股东持股比例不高、自身力量小、分散的特点，其在权益受到侵害时往往得不到很好的维护，因此可建立专门组织机构，维护中小股东和中小投资者的权益。

3. 保障制度

1）建立有效的股东民事赔偿制度

我国现行法律为股东民事赔偿提供了实体权利根据，只是程序法上的诉权领域尚有空白。《公司法》规定：公司股东滥用股东权利给公司或者其他股东造成损失的，应当承担赔偿责任。董事会的决议违反法律、行政法规或者公司章程、股东会决议，致使公司遭受严重损失的，参与决议的董事对公司负赔偿责任。但经证明在表决时曾表明异议并记载于会议记录的，该董事可免除责任。根据上述规定，一旦我国建立了股东代表诉讼制度和投资者集体诉讼制度，完全可以将蓄意侵犯股东利益，特别是中小股东利益的公司董事、监事、经理及其他管理人员告上法庭，那些以身试法者必将为此付出沉重的代价。

2）引入异议股东股份价值评估权制度

引入异议股东股份价值评估权制度是指对于提交股东大会表决的公司重大交易事项持有异议的股东，在该事项经股东大会资本多数表决通过时，有权依法定程序要求对其所持有的公司股份的"公平价值"进行评估，并由公司以此价格买回股票，从而实现自身退出公司的目的。该制度使中小股东对于在何种情况下自身享有异议者权利有明确的预期，并作出是否行使异议者权利的选择。

第二章

万科集团

模块一 案例正文

万科企业股份有限公司（股票代码：000002），成立于1984年5月，主营业务为房地产开发和物业服务。1988年12月28日，万科在A股上市，公开发行2800万股股票，1991年1月29日在深圳证券交易所上市，曾是中国最大的专业住宅开发企业之一，也是中国股市中代表性地产企业。

1988年，万科进行股份制改造，王石放弃自己个人拥有的控股地位，仅以管理者身份任万科企业股份有限公司董事长兼总经理，表明了其和团队一起把万科打造成现代优秀企业的自信。1999年，王石辞去万科总经理一职，专任公司董事长。

此后30多年，万科的股权结构一直十分分散。2000年8月10日，王石与万科管理层"卖掉"第一股东，迎接华润（集团）有限公司（以下简称"华润"）入主，此后十余年里，华润对万科持股比例均维系在15%左右，从第二到第五大股东对万科的持股比例常年处于5%以下，如表2-1所示。

表 2-1　万科 A 前五大股东情况（2015 年 6 月 30 日）

序号	股东名称	持股数量（万股）	占总股本比例（%）
1	华润股份有限公司	164549.47	14.89
2	国信证券—工商银行—国信金鹏分级 1 号集合资产管理计划	45699.32	4.14
3	Gic Private Limited（新加坡政府投资有限公司）	15192.10	1.38
4	刘元生	13379.12	1.21
5	Merrill Lynch International（美林国际）	12404.90	1.12

一、万科的职业经理人制度

万科早期在公司一直推行"职业经理人"制度。所谓"职业"就是"以此谋生，精于此业"。万科的主要管理任务由职业经理团队承担，公司对职业经理人的要求非常苛刻，管理过程中使用的是"优化组合、优胜劣汰、能上能下"的原则。万科的经理人入职后，公司将对每位职业经理人工作能力和业绩进行持续测评，测评结果直接与职位积分和当事者利益（工资、奖金等）挂钩，积分又直接与职业经理的职位升降挂钩。在这一制度激励下，优秀的经理人会不断晋升，持续为公司服务，而不合格的经理便会在选择中被淘汰。所以，职业经理人一直面临着高压力、高风险，从而提高整体工作效率及质量。

随着企业的发展，万科内部一直推行的职业经理人制度短板逐渐显露。高竞争压力和随时都可能被淘汰的紧迫感在带来高工作效率的同时，也使职业经理人对企业并没有产生很深的归属感。此外，和同行业其他公司相比，万科职业经理人的薪酬并没有太强的竞争力。万科的职业经理人制度在适应新的时代所产生的变革时遇到了重重阻碍。怎样改变职业经理人制度的上述弊端，是万科需要面对的一大问题。在此背景下，万科踏上了探索改革之路。

二、万科的事业合伙人制度

（一）事业合伙人制度 1.0

2014 年 3 月 15 日，万科总裁郁亮在春季例会正式提出事业合伙人制度。2014 年 3 月 28 日，万科 2013 年年度股东大会在深圳总部召开，同日发布的董事会决议公告官方证实了万科拟推出事业合伙人制度的消息。2014 年 4 月 28 日，万科召开事业合伙人创始大会，共有 1320 位员工成为公司首批事业合伙人。2014 年 4 月 25 日，代表公司 1320 名事业合伙人的深圳盈安财务顾问公司成立。

万科的事业合伙人制度包括两项制度：在项目层面，建立跟投机制，即部分员工跟随公司项目的投资，与公司共进退；在公司层面，推进事业合伙人持股计划，即利用合伙人的经济利润奖金共同持有万科股票。

1. 跟投制度

万科在其第十七届董事会第一次会议决议公告中说明："同意建立公司项目跟投制度，要求部分员工跟随公司在项目中投资。原则上项目所在一线公司管理层和该项目管理人员为项目必须跟投人员，公司董事、监事、高级管理人员以外的其他员工可自愿参与投资。员工初始跟投份额不超过项目资金峰值的 5%，公司将对跟投项目安排额外受让跟投，其投资总额不超过该项目资金峰值的 5%。项目所在一线公司跟投人员可在未来 18 个月内，额外受让此份额；受让时按中国人民银行同期同档次贷款基准利率支付利息。"截至 2014 年年末，公司开放跟投项目 47 个，申请跟投达到 9089 人次。万科项目跟投制度分析图如图 2-1 所示。

万科预期通过跟投制度，将员工的收益与项目发展捆绑起来，使员工成为项目合伙人，从而激发内部创业热情和创造性，使得员工在

▶ 公司治理：实践案例与基础理论

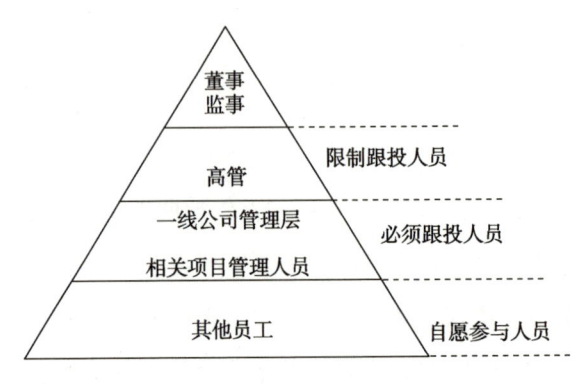

```
          董事
          监事
                 - - - - - - - - -
                        限制跟投人员
          高管
                 - - - - - - - - -
      一线公司管理层
                        必须跟投人员
      相关项目管理人员
                 - - - - - - - - -
         其他员工     自愿参与人员
```

图 2-1　项目跟投制度分析图

销售推进、成本节约、运营效率提升等方面的主人翁意识得到体现。用郁亮的话来说："项目跟投看似简单，实际上它将改变我们从投资买地到销售结算这一项目操作全流程的所有行为。所有真正对运营效率提升有改善的做法，将会很快被运用和完善，比如工业化技术，佛山公司工业化提效方面的实践，已经在保证质量的前提下有效地缩减了工期，任何钻空子、只顾眼前利益的不当手段将不复存在，因为这些都事关合伙人的利益。传统业务层面是跟投制度，对于新业务，我们将采用新的机制、完全市场化的手段来解决。"

2. 事业合伙人持股计划

继项目跟投制度之后，万科的事业合伙人持股计划，即在集团层面建立的一个合伙人持股计划，也正式启动。

2014 年 4 月 23 日，万科召开事业合伙人创始大会，共有 1320 名员工自愿成为公司首批事业合伙人。首批 1320 名事业合伙人主要来自经济利润奖金计划的激励对象，包括公司高级管理人员、中层管理人员，以及总裁提名的业务骨干和突出贡献人员。相关人员在自愿原则下可以选择参与公司的事业合伙人持股计划。未来公司会鼓励更多的员工参与到合伙人持股计划中。1320 名事业合伙人均已签署"授权委托与承诺书"，将其在经济利润奖金集体奖金账户中的全部权益，委托给盈安合伙的一般合伙人进行投资管理，包括引入融资杠杆进行投资。同时，万科承诺在集体奖金所担负的返还公司的或有义务解除前，以及融资本息偿付完成前，该部分集体奖金及衍生财产统一封闭管理，不兑付到具体个人。

简而言之，万科在集团层面建立了一个合伙人持股计划，将经济利润获得者的奖金集中，从而共同持有万科的股票。那么，盈安合伙的一般合伙人是谁呢？

2014年4月25日，盈安合伙正式成立。如图2-2所示，该有限合伙企业现由3名合伙人组成，其中深圳市盈安财务顾问有限公司为普通合伙人（以下简称"盈安公司"），上海万丰资产管理有限公司和华能贵诚信托有限公司为有限合伙人。根据相关法律法规规定，在有限合伙企业中，普通合伙人负责合伙企业的经营管理，并对合伙企业债务承担无限连带责任；有限合伙人不执行合伙企业事务，仅以其认缴的出资额为限对合伙企业债务承担责任。盈安公司是万科事业合伙人集体委托管理经济利润奖金集体账户的第三方。据万科表示，"盈安合伙的一般合伙人作为第三方，受万科事业合伙人的委托，有权决定资金的投资管理，包括引入融资杠杆"。在盈安公司的安排上，作为首批

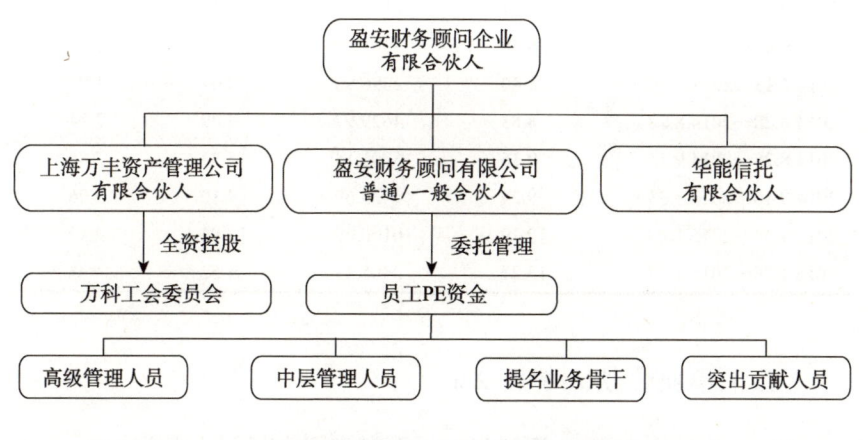

图 2-2 盈安合伙股权结构图

▶ 公司治理：实践案例与基础理论

合伙人，万科监事会主席丁福源出任盈安公司的董事长和总经理，万科执行副总裁肖莉、周卫军在盈安公司担任董事，万科总部二级部副总经理丁朝晖出任盈安公司监事。"盈安的实际控制人其实是万科，现在通过几步设计把增持万科股票转化成下面的企业的高管行为，避开了回购公司股票的嫌疑。"

2014年5月28日，万科首次发布事业合伙人购买公司股票公告，买入约3584万股。随后，万科事业合伙人分别在2014年5月28日、5月29日、5月30日、6月3日、6月12日、6月19日、8月27日、9月15日、9月23日，以及2015年1月23日、1月27日买入万科股票。截至2015年1月27日，盈安合伙共持有万科A股股份4494277819股，占公司总股本的4.48%，成为万科的第二大股东。盈安合伙十一次增持股票情况如表2-2所示。

表2-2 盈安合伙十一次增持股票情况

增持日期	买入均价（元）	增持股数（万股）	耗资（亿元）	持股比例（%）
2014.5.28	8.38	3583.92	3.00	0.33
2014.5.29	8.52	2318.81	1.98	0.54
2014.5.30	8.55	2647.66	2.26	0.78
2014.6.3	8.42	6184.23	5.21	1.70
2014.6.4—2014.6.12	8.30	4005.25	3.33	1.14
2014.6.13—2014.6.19	8.40	2396.96	2.01	1.92
2014.6.20—2014.8.27	8.83	4629.97	4.09	2.34
2014.8.28—2014.9.15	9.36	5701.14	5.33	2.86
2014.9.16—2014.9.23	9.24	4435.69	4.10	3.26
2014.9.24—2015.1.23	12.79	10100.00	12.94	4.17
2015.1.26—2015.1.27	13.27	3405.43	4.52	4.48

（二）事业合伙人制度2.0

2015年4月15日，万科发布《万科集团内部创业管理办法》，适用于离职创业员工进行内部创业。按《万科集团内部创业管理办法》规定，内部创业限于支持司龄超过 2 年的内部员工创业，创业项目需要经过集团试错会批准；员工创业须辞职，参与创业项目的离职员工，可保留离职前的 EP 积分。两年内创业员工可选择回归万科。具体而言，内部创业项目首先由创业者准备商业计划书报送至集团投资对接人，商业计划书由集团试错会决策是否投资，根据项目投资规模及经营属性一事一议；万科对规模较大项目保留审计权利。在市场化原则的前提下，万科对创业团队给予一定的资源支持和倾斜，但内部创业不得使用万科品牌。

2015 年 6 月 26 日下午，万科企业股份有限公司宣布，公司董事会于 6 月 23 日审议通过了《关于物业服务市场化发展及建立事业合伙人机制的议案》，同意万科物业业务通过市场化道路及引入事业合伙人机制。此次是万科首次将事业合伙人制度应用到物业业务上。这次引入只面向万科物业体系员工。

然而，万科的事业合伙制并不仅限于此，在郁亮的规划里，事业合伙人制度 3.0 版本正处在酝酿之中。3.0 版本设想把产业链的上下游、资金方、土地方，以及总包、设计、营销等都变成合伙人，这样万科的项目与上下游产业的关系就类似互联网企业所说的众包、众筹。"总包方变为合伙人，如果项目有质量问题，在结算时全部会暴露，这样分本金很容易，但分红利很难，所以通过该制度，偷工减料之类的情况会变少，会提升施工效率，减少监管成本。"郁亮如此形容他设想中的事业合伙人制度 3.0 版本。此外，在 2014 年 10 月 31 日万科集团成立 30 年的长三角媒体分享会上，郁亮介绍，万科之后还将推出事业合伙人制度 4.0 版本，且在 4.0 版本中，普通投资者也可以跟投万科项目且不设门槛，这一版本预计两年左右即可推出。

（三）事业合伙人制度的治理效应

1. 项目团队充满活力：从被动接受任务到积极寻求最优方案

事业合伙人制度的实施将员工利益与公司整体利益紧密地联系在一起，大幅提升内部员工的主人翁精神和参与意识。南沙项目总经理杨其祥评价员工参与项目跟投后的显著改变："大家对项目的积极性高了很多，从过去被动接受公司给的任务变成积极主动寻找更优方案。比如，公司对开盘前示范区的任务是修一条路，直接通到售楼处就可以了。但是大家多次讨论后，觉得完全可以根据项目所在的环境，设计一个沿街公园，再做一个英式商业风情街，后来还多加了一个泳池。这些方案在成本上没有太大影响，主要是增加了与政府及当地居民沟通等事情，出图的时间很紧，在有限时间内大大增加了工作量。整个示范区做了3万多平方米，广州还从来没做过这么大的商业区。"万科南方公元小区项目被评为广州市南沙区的绿色施工示范项目。

2. 跨部门合作效果显著：从扯皮到联合寻找最优方案

在设计、采购与施工的协调关系上，广州南方公元项目采用沥青玻纤瓦就是个很好的例子。该项目英式风情商业街为斜屋顶，原设计是采用水泥瓦，属于目前行业内标准动作。但是水泥瓦存在一些问题，如价格高、施工质量不易控制等。

有了跟投制度之后，团队的各个部门主动配合设计部门，开始寻找替代方案。一位员工在讨论中提出了国外的独栋斜屋面的相关设计。国外大面积运用的叫作沥青玻纤瓦，属于粘贴型施工，成本只是国内水泥瓦的三分之一，各方面都满足要求。经过研讨后，南方公元项目大胆采用这一新工艺，不但降低了费用和后期客户风险，还大幅缩短了工期，有力保障了示范区施工。

3. 营销去化速度加快：从不关心到人人争当销售

到了营销环节，项目跟投带动了员工很大的积极性。按照万科一线公司内部的说法，以前大家也关心营销，但更多是停留在聊天层面，销售主要还是营销部门的事情。但是现在员工成为项目的股东之后，由于事关切身利益，产品定位、新项目的预期收益情况、资金回流情况、风险控制等已不只是员工的饭后谈资。

以广州南方公元项目为例，员工们会主动在微信好友圈刷屏推广项目，不同部门出去见客户谈合作的时候，也会留意该企业是不是项目目标客户。很多同事会在与大型企事业和政府单位交流中介绍一下项目的特殊卖点。跟投制度令"人人都是销售"，为项目的开展和推广带来了积极的影响。

三、治理制度设计的漏洞

在万科实行事业合伙人制度后，社会舆论一方面是郁亮对自身推出的制度的褒扬，以及相当一部分媒体对此次事业合伙制改革的看好；另一方面，不少企业家、媒体针对郁亮提出的"职业经理人已死，取而代之的是事业合伙人"的口号，意图以合伙人制度取代职业经理人的制度措施表达了质疑。

万科股份制架构严格遵守"同股同权"的原则，即"谁的股份多谁说了算"，公司的发展战略、激励制度都是由董事会投票决定。对于万科的事业合伙人，即便他们真的能增持至 10%的股权，再加上华润集团与刘元生两位一致行动人，大约 27%的股权比例距离绝对控股仍有很大差距，无法完全抵御"野蛮人"的入侵。2015 年 9 月万科十大股东持股情况如表 2-3 所示。

此外，由于万科公司章程中缺乏对合伙人向董事会行使其成员任命权的权利规定，不能排除之后在万科股价低迷时，"门口的野蛮人"要再一次撞开万科的大门，如若发生，万科又将何去何从？而从 2015 年 7 月下旬开始发生"举牌事件"，即"宝万之争"，更是在一定程度

表 2-3 2015 年 9 月 30 日十大股东持股一览表

序号	股 东 名 称	持股数量（万股）	持股比例（%）	股份性质
1	华润股份有限公司	168275.92	15.23	A 股流通股
2	香港中央结算（代理人）有限公司	131492.96	11.9	H 股流通股
3	国信证券—工商银行—国信金鹏分级 1 号集合资产管理计划	45699.32	4.14	A 股流通股
4	前海人寿保险股份有限公司—海利年年	34977.64	3.17	A 股流通股
5	中国银河证券股份有限公司	33877.58	3.07	A 股流通股
6	中国证券金融股份有限公司	33036.12	2.99	A 股流通股
7	中心证券股份有限公司	29793.56	2.79	A 股流通股
8	华泰证券股份有限公司	23132.41	2.09	A 股流通股
9	招商财富－招商银行德盈 1 号专项资产管理计划	22802.60	2.06	A 股流通股
10	前海人寿保险股份有限公司—聚富产品	21808.14	1.97	A 股流通股

印证了这一点。

宝能集团创始于 1992 年，起步于贸易行业，并逐步扩展至房地产等涉及民生的多个产业，以宝能集团为中心的资本集团则被称为宝能系。2012 年，宝能作为主要发起人，成立了前海人寿保险股份有限公司。至 2015 年年底，宝能系共有四个板块，分别是宝能控股、宝能集团、前海人寿及与金融相关的公司，旗下包括一系列子公司和控股公司，涉及实业、文化旅游、建材、进出口、保险、物流、房地产开发、金融等十多个产业。目前，宝能的掌门人为"姚家二兄弟"：前海人寿、宝能投资的实际控制人姚振华，以及宝能控股、深业物流的实际控制人姚建辉。

在宝能选择万科之前，姚振华向高薪聘请的律师团队抛出三个问题：第一个问题，万科的股票有没有 A 股、B 股之分？第二个问题，万科大部分董事是否由股东而不是由公司创始人提名，能否中途更换任期未满的董事？第三个问题，万科是否有"毒丸计划"？

（一）A 股/B 股

所谓 A 股、B 股之分，即公司创始人是否拥有一票否决权，是否拥有一票等于别人多票的权利。律师团给出的答案是：万科的公司创始人，也就是王石，没有为自己保留公司的控制权。根据《万科公司章程》第十五条和第四十七条，万科股东是同股同权，创始人没有一票否决权，没有保留创始人一票等于别人多票的权利，万科的股票有没有 A 股、B 股之分。

（二）董事任期更换制度

万科 2014 年 6 月公布的公司章程规定：万科董事由股东提名；万科的董事一届任期为三年；董事在任期届满前，股东大会不得无故解除其职务，虽然可以提议罢免，但需要股东大会的普通决议，即股东大会过半数表决权通过；董事任期届满，可连选连任。同时，万科章程规定，董事人数为 11 人。也就是说，万科公司董事不是由创始人提名，王石无法掌控董事会。

实际上，万科可以事先在公司章程中，将罢免董事列为重大事项，需要经过股东大会 2/3 以上股东同意才能通过，这样可以增加恶意收购者掌控董事会的难度。另外，万科也可以在公司章程里规定董事交错任期制度。所谓董事交错任期，是指规定每次只能改选三分之一的董事，这样董事就被分成了三批，恶意收购者需要至少两轮董事会选举才能实现董事会多数，达到控制董事会的目的。这在一定程度上增加入侵者通过改组董事会，从而控制公司的难度。只可惜，万科并没有在公司章程中预先做出这些规定。

（三）"毒丸计划"

"毒丸计划"即股权摊薄反收购措施。目标公司向普通股股东发行优先股，一旦未经认可的一方收购了目标公司一大笔股份时，其他所有的股东都有机会以低价买进新股。这样就大大地稀释了收购方的股权，继而使收购变得代价高昂，从而达到抵制收购的目的。

"毒丸计划"是 20 世纪 80 年代美国人发明的，指上市公司的董事会预先向没有收购公司意向的投资者发放某种权利，这个权利可能是期权，也可能是附带转换条件的优先股。在有恶意收购者对公司展开收购时，持有权利的投资者就会向公司行权，行权后会稀释恶意收购者的股份，从而达到阻止收购的目的。"毒丸计划"的优势是，不用开股东大会即可实施，董事会就可以决定，恶意收购者没有机会阻止目标公司"下毒"。

宝能得知，万科的公司章程中没有针对"毒丸计划"做事先设防，若要实施"毒丸计划"，万科须在董事会层面审议通过修改现有公司章程的议案，再提交至股东大会进行审议，并需要 2/3 以上股东同意。此后，议案还需要经过证监会审批，程序复杂，万科实施"毒丸计划"的难度较高。

总之，万科在股权结构、股票价格、公司章程等方面出现了漏洞，宝能找到了可乘之机。

四、宝能宣战

（一）宝能三次举牌万科

2015 年 7 月 6 日，在 A 股市场大幅震荡的背景下，万科董事会推出了以自有资金进行不超过 100 亿元的回购公司股票的计划，若全额回购，预计可回购股份不少于 7.3 亿股，占万科已发行总股本的比例不低于 6.6%。然而，就在 5 天后，宝能系旗下的前海人寿宣布首次举牌万科 A，称截至 7 月 10 日，前海人寿通过竞价交易方式买入万科 A 约

5.5亿股，约占万科A总股本的5%。7月17日，万科的百亿元回购A股预案正式出炉；7月24日，前海人寿及其一致行动人钜盛华对万科二度举牌，持股比例达到10%；8月26日，宝能系第三次举牌，持股比例增至15.04%，超过大股东华润，成为万科最大股东。11月27日—12月4日，钜盛华买入万科5.49亿股，合计持有万科A股股票约22.1亿股，占总股本的20.008%。至此，在短短5个月的时间里，宝能系便高调拿下了A股房企龙头万科的第一大股东之位。

（二）万科的回应

1. 万科态度

2015年12月17日，在北京万科会议室里，王石说："宝能想成为第一大股东，我是不欢迎的。不欢迎的理由很简单，你的信用不够。万科是上市公司，一旦上市，谁是万科的股东，万科是不可能一一选择的，但谁是万科的第一大股东，万科是应该去引导的，不应该不闻不问。因为我们要对中小股东负责，万科股权分散，我们这么多年，就是靠制度、团队。中小股东这么多年跟着万科，也是看重这个制度和团队。宝能系可以通过大举借债，强买成第一大股东，甚至私有化。但这可能毁掉万科最值钱的东西。万科最值钱的是什么？就是万科品牌的信用。"12月18日，万科总裁郁亮发声表明称宝能是敌意收购，并表态在重大问题面前和王石的态度一致。

2. 公告停牌

2015年12月18日，万科午间发布公告称，因正在筹划股份发行用于重大资产重组及收购资产，股票从下午开市起停牌。当日早盘，万科A再次涨停，股价以24.43元/股创下7年多来的新高。同时，港股方面，万科企业（02202.HK）也于午间公布，公司股份将于当日下午1时起停牌。

▶ 公司治理：实践案例与基础理论

"停牌及发行股份是'王石们'唯一有效防御宝能系继续增持的措施。"12月19日，一大型券商分析人士表示，宝能系耗巨资增持万科的资金成本较高，长时间停牌可能会"拖死"宝能系。

针对媒体对宝能系杠杆收购万科股权一事的关切，证监会新闻发言人张晓军表示，市场主体之间收购、被收购的行为属于市场化行为，只要符合相关法律法规的要求，监管部门不会干涉。

五、万科自救

（一）争取舆论支持

就在王石内部讲话十几个小时之后，2015年12月18日凌晨，宝能回应王石的质疑，发出一份声明，深刻表达宝能集团恪守法律、尊重规则，并最终相信市场的力量。

王石在12月21日晚在微博发表题为《信用与情怀》的文章，对12月17日的发言作出解释："信用不够并非道德批判，而是风险考量。"以此希望通过解释挽回因之前质疑宝能信用而受到舆论批评的局势。在12月23日召开的深圳市第四届金融发展决策咨询委员会全体会议上，刚刚当选为委员的前海人寿董事长姚振华面对"万宝之争"表示："王石是我非常尊敬的人，我们与万科一直在做良好的沟通。"

12月25日晚间，针对12月24日深圳证券交易所发出的关于大股东信息披露一致、万科高管须遵守相关披露规定等问题，万科发布回应公告，对相关高管言论进行说明，并表态称将加强对管理层个人言论的管理。万科发布公告称，将加强言论管理。同时，作为万科在该事件中的舆论阵地，《万科周刊》再次发布消息，对媒体相关报道中对宝能资金杠杆问题的表述进行突出敲打，并明确指出此前的"段子"需要更新："小明欠的不止是300亿元，而是600亿元以上。"此前，12月14日，《万科周刊》曾发布有关于"宝万之争"的六个"段子"，

第二章 万科集团

其中一个暗喻宝能利用杠杆增持万科，结尾是："教授，如果我（小明）欠你 300 亿元，麻烦就是国家的。"这意味着，万科或许早已知道宝能资金来源及通道情况，在"宝万之争"事件的发展过程之中，王石与郁亮也多次明确质疑宝能资金问题。宝能回应万科管理层质疑针对深交所询问第四次举牌万科的资金来源等事宜，钜盛华回应此番借道七个资管计划增持万科 4.97% 股份，总计耗资 96.52 亿元，其中钜盛华实际出资 32.17 亿元，换言之，钜盛华第四度举牌万科动用了 3 倍杠杆。

2015 年 12 月 23 日上午，一份名为《钜盛华巨额融资源头及绝技》匿名投稿在多个自媒体平台传播，其中直截了当地表示，钜盛华利用质押融资、资管计划、信托产品等通道放大杠杆，在通道业务层层穿透之后，最终资金来源指向浙商银行的理财产品资金，金额超过 300 亿元。据机构测算，宝能系此次收购万科股份累计约花费 400 亿元，在其举牌万科的资金中，自有资金甚少，除来自银行信贷、债券、股权质押等传统资金来源外，还有通过券商收益互换、资产管理计划等筹集的杠杆资金，宝能系增持万科动用了大量杠杆资金。宝能系激进收购万科股票，钜盛华是关键的资金平台。目前，已有 8 个资管计划定向投往万科 A 的流通股。在公开披露的七个资管计划中，平安银行、广发银行、民生银行、建设银行提供优先级资金，共 145 亿元，利率为 6.4%~7.2%；钜盛华作为劣后级出资 72.5 亿元，相当于以 1∶2 的杠杆筹集了 217.5 亿元资金。12 月 27 日，一直保持缄默的宝能集团负责人首次回应舆论关切，表示："信守约定、控制杠杆率、稳健经营、确保风险可控和资金安全是宝能集团的一贯经营原则。23 年以来，宝能集团的信用记录良好，从未过度使用杠杆融资。"该负责人表示，宝能集团今后将定期、依据法律和事实，在适当的场合公布有关信息，满足公众和媒体的知情权和需求。

万科 A 股还在继续停牌，H 股已经恢复交易。2016 年 1 月 6 日，万科 H 股复牌即下跌，一度跌幅近 14%，最终以 20.80 港元报收，全

▶ 公司治理：实践案例与基础理论

天下跌9.17%。此后的几天，万科H股跌势继续，到1月11日，万科H股的股价已从复牌累计下跌了23%。计划于1月18日前披露资产重组信息并实现A股复牌的万科1月15日晚间公告称："因本次筹划的重大资产重组极为复杂，涉及境内外多项资产、多个相关方，公司与多个潜在交易对手方已持续进行谈判和协商，但截至目前具体交易对价、支付方式、交易结构、目标资产具体范围等仍在谈判过程中。因涉及的资产、业务、财务等各方面核查工作量较大，相关工作难以在1月18日前完成并实现A股复牌，公司股票申请继续停牌。"1月29日，万科发布公告称，公司A股股票将继续停牌，并表示如公司未能在2016年3月18日前披露重大资产重组预案或报告书，或者复牌，或将继续停牌至2016年6月18日。

2016年1月30日，万科发布公告称，公司计划在3月17日召开临时股东大会，审议继续停牌筹划重组事项。如果获得股东大会批准，万科A股将继续停牌至2016年6月18日。万科给出的理由是：万科重大资产重组涉及的资产、业务、财务等各方面核查工作量较大，且恰逢春节等节假日，目前无法确定3月18日前是否可以披露重大资产重组预案或报告书。

2016年3月17日，万科召开2016年第一次临时股东大会，投票通过了万科A继续停牌到2016年6月18日的决议。此前吊足了大家胃口的宝能集团，派出高级副总裁陈琳代表宝能系投票赞成万科A继续停牌。在投下赞成票之后，宝能系对外发出最新表态：坚定看好中国经济和中国资本市场，努力为国家发展作出应有贡献，宝能维护万科全体股东，尤其是中小股东的利益。

（二）寻求合作伙伴

万科停牌之后，宝能将暂时无法从二级市场继续增持万科股份，这为万科留出争取控制局势的时间。有媒体报道称，万科在抓紧时间积极寻找一致行动人，争取多方支持，通过壮大管理层的话语权，达到"逼退"宝能系的目的。

2016年12月23日，王石在拜访瑞士信贷与投资者交流时表示，多赢是万科希望看到的最好的结果，在合法、合情、合理的基础上，照顾到多方利益。当日深夜，万科和安邦保险分别发出声明互相支持，万科欢迎安邦保险成为其重要股东，而安邦保险则表态积极支持万科发展，希望万科管理层、经营风格保持稳定。此举直接粉碎了此前外界关于"宝能系与安邦是一致行动人"的猜测，意味着宝能系离控股股东所需的股份数额尚有差距，王石获得了一张至关重要的好牌。

12月24日，王石上午在香港拜访了某外资机构后，下午现身深圳，拜访国泰君安。王石在国泰君安深圳的办公地福田区新世界中心举行了一场小型会谈，参会方除万科与国泰君安以外，还包括20余位公、私募基金经理，望正投资、明曜投资两家私募基金派代表出席。王石会上重申之前曾公开表述过的对宝能入主的反对意见，直接提出希望获得在座的支持的请求，大部分基金经理现场表示站在王石阵营，但也有少数私募则持保留意见。

（三）坎坷资产重组之路

1. 华润表态

2000年，万科创始人王石引入华润集团作为万科第一大股东。华润与万科一直合作默契。华润集团多年来仅扮演财务投资者和万科保护者的角色，对管理层日常事务并不干涉。在过去15年中，万科股权分置改革、B股转H股等每个重大环节，华润作为万科第一大股东，积极承担了第一大股东应有职责，每当关键时刻总是支持万科。2015年9月初，华润集团对万科的两次增持，超越了宝能系，重新夺回万科第一大股东之位。12月8日，国资华润集团所持股份份额第二次被宝能系反超，此时的万科非常希望华润集团能再次出手，拯救万科于"水火之中"。相对于利用昂贵杠杆资金的宝能而言，华润集团并"不差"长期资金，但"反射弧"较长，没有第一时间作出反应。

但随着宝能系不断增持万科股权成为第一大股东，华润没有任何表态和动作，并称"对系列股权变更事宜不予置评"。2016年3月8日，华润集团董事长傅育宁在全国"两会"现场遭遇香港媒体记者围堵。在被询问到有关万科股权之争的时候，傅育宁首次发声，他表示，现在市场比较敏感，不能多说，但认为万科是个好企业，华润集团会全力支持。这次表态，被解读为给了外界更明确的信号：华润对万科表示支持。

2. "白衣骑士"出现

2016年3月13日，万科发布公告称，3月12日万科就拟议交易与深圳市地铁集团有限公司（以下简称"深圳地铁"）签署了一份合作备忘录，作为双方对拟议交易的初步意向，万科将以定向增发新股为主，差额以现金补足的方式收购深圳地铁集团持有的目标公司全部或部分股权，涉及400亿~600亿元资产。这意味着，万科将引入深圳地铁作为战略股东，持股比例或接近宝能，甚至超过其成为第一大股东。

3. 华润的反对

万科第二大股东华润对万科与深圳地铁集团的合作程序提出异议，公开表示："万科与深圳地铁合作公告，没有经过董事会的讨论及决议通过，是万科管理层自己做的决定，为了避免股价波动和市场混乱，华润认为万科股票继续停牌更符合股东利益。华润派驻万科的董事已经向有关监管部门反映相关意见，要求万科经营依法合规。"

万科对此解释称，与深圳地铁集团签署的是没有法律约束力的备忘录，根据《公司法》及《万科公司章程》的规定，无需事先通过董事会审议。万科亦提及，签署合作备忘录事前、事后，均与华润方面有过私下沟通。万科称，3月12日下午坊间传闻散播之后，公司立即与各董事进行沟通或发送信息告知，其中就包括华润派驻的三名董事。在3月13日公告披露前，万科也按内部信息披露管理流程，向包括所有董事在内的信息披露委员会委员知会相关事项。

对此，华润在当日22时再发声明，华润强调公司治理要依法合规。公司以公司董事会名义发布公告，且公告涉及公司重大资产交易及股价敏感信息，必须先经董事会讨论。

华润突然发出质疑，应该认为是一种很合理的利益诉求的释放，不排除此前和万科各类协调过程中，万科表现得过于强硬。3月20日，华润董事长傅育宁再"呛声"："对于万科问题，我有四句话！万科这个公司做得很不错，在中国房地产业很有影响力，管理团队也很专业，我们一直支持万科发展。17日临时股东大会之后，我们的股东代表向媒体所披露的是一件令人遗憾的事实，他们（华润股东代表）说的是事实。华润支持万科发展，同时也高度关注良好的公司治理制度。治理结构对一个公众公司是更重要的，一个公司要长远健康地发展，良好的公司治理结构是不能忽视的。如此重大的事情（万科与深圳地铁备忘录），11日开会（没有说），第二天就披露了一个又是股权对价，又是交易资产的规模，又是支付方式（的公告），这合适吗？"华润的态度转变，无疑让万科重组陡生变数。

4. 公司重组

2016年6月17日晚，万科发布重组预案，公司计划以每股15.88元的价格向深圳地铁集团发行28.72亿股A股的方式收购后者持有的前海国际100%股权，交易价格为456.13亿元，主要资产为位于深圳前海和安托山的两个项目，合计181.14万平方米。本次交易完成后，深圳地铁集团将成为万科第一大股东，持股比例为20.65%，原第一大股东宝能系持股将由目前的24.29%下降至19.27%，华润系由15.31%下降至 12.15%。

华润方面透露，在 6 月 17 日下午万科董事会"关于通过增发股份引入深圳地铁重组预案投票"中，11 名董事中，有 7 票赞成，3 票反对，还有 1 票回避表决。华润认为现在的投票结果不能说明万科引入深圳地铁的方案已经获得通过，并表示已经向万科发送了律师函，华润律师坚持认为投票结果无效。

六、尾声

2017 年 6 月 21 日，万科公布新一届董事会候选人名单，王石宣布将接力棒交给郁亮。历时近两年的万科股权之争在深圳地铁公布新一届董事会提名之后，落下帷幕。万科公告称，公司于 2017 年 6 月 19 日收到深圳地铁关于万科 2016 年度股东大会增加临时提案的函，提议增加董事会换届临时提案，拟提名郁亮、林茂德、肖民、陈贤军、孙盛典、王文金、张旭为第十八届董事会非独立董事候选人，提名康典、刘姝威、吴嘉宁、李强为第十八届董事会独立董事候选人，提名解冻、郑英为万科第九届监事会非职工代表监事候选人。经万科董事会 6 月 20 日审议，同意该临时提案提交 2016 年度股东大会决议。

模块二　基本问题与拓展分析

一、高管治理

Q1：万科"事业合伙人"与阿里巴巴"合伙人"的区别是什么？

了解两种制度之间的区别，首先要知道两种制度的实质。

阿里巴巴"合伙人制度"的本质是一种特殊的分类董事制度，通过公司章程赋予被称为"合伙人"的管理层及关联人团体一定比例的董事提名权；万科的"事业合伙人"制度，实际上只是通过一种间接持股安排，让一部分公司管理人员和员工能够更多地像公司股东一样，把个人利益与公司利益挂钩。

在阿里巴巴采用"合伙人"制度之后，多家中国公司相继实施了自己的"合伙人"制度。但这些"合伙人"制度都与法律上的合伙制及合伙人的内涵不同，只是一种表述上的借用。这些"合伙人"制度往往是出于两种思路进行设计，一是为了保证管理层把握住对公司的控制权；二是为了将管理层、员工利益与股东利益看齐，激励管理层和员工为公司努力工作。

阿里巴巴"合伙人"制度中的"董事提名权"这种特殊安排，是一种公司控制机制，与相对规范的分类董事制度及分类股份制度相比，其"合伙人"的边界和内涵具有可调整性，进而具有可控性。万科"事业合伙人"制度下的员工间接持股，相比规范的员工直接持股，更有利于公司保留股权。

Q2：万科为什么采取"事业合伙人"制度？

William Vickrey 和 James Mirrlees 提出，由于代理人和委托人的目标函数不一致，再加上存在不确定性和信息不对称，代理人的行为有可能偏离委托人的目标函数，而委托人又难以观察到这种偏离，无法进行有效监管和约束，从而会出现代理人损害委托人利益的现象，造成两种后果，即逆向选择和道德风险。代理问题的产生主要基于以下三个条件：①委托人和代理人之间信息不对称；②外部环境会对他们施加影响；③代理人有机会主义行为。

为解决该问题，委托人需要设计一种体制，使委托人与代理人的利益进行有效"捆绑"，以激励代理人采取最有利于委托人的行为，从而委托人利益最大化能够通过代理人的效用最大化来实现，即实现激励相容。基于此，Jeasen 和 Meckling 提出更多的管理者股份可以实现对委托人和代理人的利益进行有效捆绑，从而使股东和管理者存在更多的共同利益，进而提高公司的绩效。

随着公司的发展，万科的"职业经理人"制度不再适用，这与万科采用的"高风险+高回报"体制有一定关系。

所谓高风险，是因为每位职业经理人在入职后都会被持续进行工作能力和业绩的测评，并且测评结果会直接与职位积分和当事者利益（工资、奖金等）挂钩，同时积分又直接与职业经理的职位升降挂钩。这样，称职的经理人便会不断晋升，持续为公司服务；不合格的经理便会在选择中被淘汰，公司每次阶段性业绩考核都可能出现因工作不佳等原因被降薪降职的职业经理。职业经理人会一直面临着高压力、高风险，所以一刻都不能松懈，从而提高整体工作效率及质量。职业经理人在承担高风险的同时也享受着高回报。除去公司所提供的较高报酬，还会提供相应的其他福利待遇，如各种培训的机会、住房补贴、通信费报销等。职位越高，待遇越好。

高竞争压力是指职业经理人面临随时都可能被淘汰的紧迫感，工资与业绩直接关联，带来高工作效率的同时，高风险也使职业经理人并不能在企业中寻求到一种稳定与踏实的感觉，难以对企业产生很深的归属感。所以，公司内部遇到了管理者价值跟股东价值之间出现矛盾的问题。这种短视的显性激励机制最终还是被证明无法适应当时万科发展的需要。由于委托—代理问题的存在，万科的职业经理人与股东并不是无论何时都可以统一战线的。而后来万科实施的"事业合伙人制度"使管理者获得了更多的股份，根据激励相容理论，这使管理者与其他股东有了更多的共同利益，从而显著提高了公司的绩效。

Q3：如何对公司高管进行激励？

在现代企业中，对公司高管采用的激励方式主要有以下几种。

1. 薪酬激励

高层管理人员的报酬方式是多种多样的，不仅有固定薪金、奖金、股票及股票期权，还有退休金计划等。总的来说，固定薪金具有稳定、可靠、无风险的优点，可以保证高层管理人员基本的生活，但是这种激励方式缺乏灵活性，并且激励的效果不佳。奖金和股票与公司的经营业绩紧密相关，存在着不确定性，但是只要经理人努力工作，并使企业取得良好的业绩，就能获得更多的奖金和股票收入，因此这种方法的激励作用更为明显，个人的收获与其付出挂钩。退休金计划也有助于激励经理人谋求企业的长期发展。

2. 经营控制权激励

经营控制权是指能事先在契约中明确的控制权，包括权力的使用方式、权力的时限，以及权力的范围等。企业的所有者通过董事会或者其他机构授予经理人一定的权力，即经营控制权，其中最主要的是决策权。同时，公司章程或者契约也规定了其他权力，这种权力往往能够为经理人带来除物质报酬以外的激励，使其能够拥有职位特权，如豪华办公室、公费观光旅游等。

3. 剩余控制权激励

剩余控制权指那些不能够事先在契约中清晰界定的控制权，是由企业的所有者占有的，但是在信息不对称的前提下，经理人可能会通过机会主义行为而攫取部分企业的剩余控制权。

4. 声誉或荣誉激励

按照需求理论，在满足基本需求的激励的基础上，满足更高层次的精神需求能更好地发挥激励作用，企业的经理人对精神上的需求大于物质上的需求。因此，经理人除了要在物质上进行激励，还需要在精神方面进行激励。

▶ 公司治理：实践案例与基础理论

5. 知识激励

为了企业的健康持续发展，企业应该对经理人进行相关培训，如很多高校开设的高级经理人班、经理人班等。对经理人进行知识激励不仅有利于企业发展的需要，同时也有利于经理人自身发展的需要，提高他们职业生涯发展的潜力。

以上各种激励方式各有其适用对象和具体情境，可以搭配使用。

二、外部控制权市场

Q1：万科为什么成为宝能收购标的？

首先，"A+H"可以说是中国境内最好的公开融资平台之一，相对而言，融资成本低、融资能力强，而万科则是一家同时在A股和H股上市的公司，资质优秀。其次，万科是中国房地产行业的龙头企业，如果宝能系能够成功收购万科，宝能系将"站在巨人的肩膀上"实现自己的发展战略。再次，万科股价长期处于低位，尤其是2015年"股灾"之后，万科股价处于历史低点。最后，万科在公司治理上存在缺陷，主要表现在万科股权过于分散、公司章程存在漏洞等。

在此主要分析万科在公司治理上存在的缺陷。

1. 股权过于分散

股权结构指在公司总股本中，不同性质股份所占的比例及其相互关系。如表2-4所示，根据股权集中度的不同，股权结构可分为三种类型：一是股权集中结构，绝对控股股东一般拥有股份50%以上，对公司拥有绝对控制权；二是股权分散结构，公司没有大股东，所有权与经营权基本完全分离，单个股东持股比例在10%以下；三是股权制衡结构，公司拥有相对较大的控股股东,同时还有其他大股东,持股比例为10%～50%。

表 2-4 股权结构分析

类型	解决治理问题	引发治理问题	对其他治理的影响	股权主体自身治理
股权集中结构	利于防止剥夺型治理问题	易于诱发代理型治理问题	外部治理手段充分发挥	投机性持股，缺乏治理动机
股权分散结构	利于解决代理型治理问题	易于滋生剥夺型治理问题	降低资本与控制权市场治理力量	过多干涉公司经营管理
股权制衡结构	适度地控制了两类治理问题	剥夺中串谋和监管中"搭便车"	对控制权市场影响不定	大股东之间的控制权斗争

1）股权分散结构优点

（1）股东可以通过市场机制监督公司的经营，实现利益最大化，资本流动性较强，可以有效实现资本的优化配置。同时，股权分散结构可以保障小股东的利益，当公司经营不善、业绩不佳时，股东可以在二级市场上抛售股票，把资本投入其他有生命力、有前途的公司。

（2）有利于经营者创造性地发挥。

（3）股东持股相近，权力分配较均匀，股东之间形成一种制衡机制，有利于权力制衡与民主决策。

2）股权分散结构缺点

（1）所有权对经营权的控制是通过股东大会的投票方式决定的，根据投票结果决定企业的重大事件，使拥有大多数投票权的所有者支配了股东大会，可能从而损害中小股东的利益。

（2）股权过于分散，使得"搭便车"现象比较严重，因为中小股东参与公司日常治理是需要成本的。

（3）管理层成为企业的内部控制人，引发管理层与股东之间的代理问题。

（4）股权过于分散，易成为被收购的对象。

本案例中，万科过于分散的股权结构，一方面，使以王石、郁亮为代表的万科管理层能够充分发挥创造性，组件优秀的管理团队，使万科成为中国最大的专业住宅开发企业之一，取得辉煌的成就；另一方面，分散的股权结构，使万科管理层成为公司的实际控制人，代理权竞争机制无法发挥监督作用，大股东华润长期只扮演财务投资者的角色，产生了管理层与股东之间的代理问题。同时，分散的股权结构也使得中小股东参与公司日常经营管理成本较高，难以进行有效监督，当万科股权争端发生时，中小股东的利益难以有效保证。此外，分散的股权结构也是万科成为被举牌收购对象的重要原因之一。总之，分散的股权结构，影响了万科的公司治理模式的形成、运作及绩效。

2. 公司章程存在漏洞

在股权分散的公司中，潜在控制者收购目标公司主要采用两种收购方式，一种是协议收购，另一种是要约收购。协议收购是收购者与目标公司的控股股东或大股东本着友好协商的态度订立合同收购股份，以实现公司控制权的转移，通常表现为善意的；要约收购是指收购者不需要征得目标公司的同意，直接在股票市场购买，通常表现为敌意的。协议收购中，收购者大多选择股权集中、存在控股股东的目标公司，以较少的协议次数、较低的成本获得控制权；要约收购中，收购者倾向于选择股权较为分散的公司，以降低收购难度。

对于股权分散的公司来说，公司章程是防御资本入侵的有效武器。公司章程是对公司治理起到规范作用的文件，是调整公司内、外部关系和经营行为的规则，是公司运作的基本准则，也是以书面形式固定下来的股东的共同一致的意思表示，体现了股东对公司发展规划与自身利益分配的长期性安排。在本案例中，万科公司章程中基本没有设置"A股、B股""毒丸计划"等反敌意收购条款。

Q2：公司应如何应对敌意收购？

根据收购意图的不同，收购可以分为友好收购和敌意收购。友好收购是指目标公司愿意接受收购公司的最初报价，但是有信号表明收购公司愿意提高收购价格进行协商。敌意收购是指目标公司拒绝任何合理价格水平上的收购请求。目标公司的管理层可能会采取某些防御机制，以保护自己不被收购，或者是这样的防御机制已经形成，管理层利用已有的防御机制拒绝离职。以上这些称为反收购保护机制或反收购防御机制。

反收购措施分为两大类：一类是预防收购者收购的事前措施，另一类是阻止收购者收购成功的事后措施。

1. 预防性反收购措施

（1）"毒丸计划"。目标公司制定特定的股份计划，赋予不同股东特定的优先权利，一旦收购要约发出，该特定优先权利的行使，可以导致公司财务结构的弱化或收购方部分股份投票权的丧失。

（2）反收购条款，又称为"驱鲨剂"或"豪猪条款"。"驱鲨剂"指在收购要约发生前，修改公司章程或做其他防御准备，使收购要约更为困难。"豪猪条款"指在公司章程或内部细则中设计防御条款，使那些没有经过目标公司董事会同意的收购企图不可能实现或不具可行性。

（3）"金降落伞"。目标公司与其高级管理人员签订合同条款，规定目标公司有义务给予高级管理人员优厚的报酬和额外的利益，如果公司控制权突然发生变更，则给予高级管理人员全额的补偿金。

（4）员工持股。鼓励本公司雇员购买本公司股票，并建立员工持股信托组织。

（5）提前偿债条款。目标公司在公司章程中设立条款，规定在公司面临收购时，迅速偿还各种债务，以此给收购者在收购成功后，造成巨额的财务危机。

2. 反收购的主动性策略

（1）"白衣骑士"。当敌意收购发生时，上市公司的友好人士或公司，作为第三方出面解救上市公司，驱逐敌意收购者，造成第三方与敌意收购者共同争购上市公司股权的局面。收购者或者提高收购价格，或者放弃收购，"白衣骑士"与收购者轮番竞价，造成收购价格上涨，直至逼迫收购者放弃收购。

（2）股份回购。目标公司或其董事、监事通过大规模买回本公司发行在外的股份来改变资本结构。

（3）收购收购者。当敌意收购者提出收购时，以攻为守，针锋相对地对收购者发动进攻，也向收购公司提出收购，或以出让本公司的部分利益，策动与目标公司关系密切的友邦公司出面收购公司，从而达到"围魏救赵"的目的。

（4）法律诉讼。通过发现收购方在收购过程中存在的法律缺陷，提出司法诉讼。

（5）定向配售、重新评估资产。向某对象发行较大比例的股票或按比例给老股东配股，以此增加股票的总量，稀释收购者手中的股份比率，使之难以达到控股。

在"宝万之争"中，以王石为首的万科管理层指责宝能系利用高杠杆进行敌意收购，制造舆论，给宝能系施加压力，并引起监管部门注意，对宝能系收购行为和资金合法性进行调查。万科管理层一方面马不停蹄地拜访各投资基金或大散户获得其支持，另一方面积极寻找"白衣骑士"，安邦和万科管理层的结盟使"宝万之争"剧情发生逆转，此后希望通过定向增发股票方式引入深圳地铁，以此稀释宝能系股份，也印证了积极寻找外援是反收购的重要法宝。此外，万科工会起诉宝能系侵犯广大股东利益，以及万科独立董事质疑华润和宝能系之间存在一致行动人关系，都是反收购的重要手段。

第三章 雷士照明

模块一　案例正文

雷士照明成立于1999年，是由吴长江与他的同学兼好友杜刚、胡永宏三个人共同出资100万元人民币设立。公司的主营业务是生产专业照明电器与电气装置产品，其产品涵盖了商业照明、家居照明、户外照明、智能照明、雷士电工和光源电器等六大种类、六十余个系列、数千个品种，为客户提供了全方位的照明与电气装置项目的产品配套、客户服务和技术支持。公司自成立以来，销售业绩保持高速增长，每年以80%的速度递增，创造了8年连续高速增长的奇迹，在业内以"雷士速度"而闻名。

作为一家专业的照明企业，雷士的照明产品及应用解决方案被众多著名工程和知名品牌所选择，包括2008年北京奥运会、2010年上海世博会、天津地铁、武广高速铁路、上海虹桥交通枢纽等著名工程，希尔顿、喜来登、洲际等星级酒店，宾利、宝马、丰田等汽车品牌，美特斯·邦威、劲霸、鄂尔多斯等服装品牌，并成为广州2010年亚运会灯光照明产品供应商。

▶ 公司治理：实践案例与基础理论

一、第一次控制权之争：创始人 VS 创始人

（一）股权争夺的伏笔

吴长江、胡永宏、杜刚同为重庆人，高中同窗三年，其中吴长江为班团支书，胡永宏为班长。1984 年，三人分别考入西北工业大学、四川大学、华南理工大学。毕业之后，三人的工作同样天南地北，吴长江被分配到陕西汉中航空公司，杜刚进入国有企业惠州德赛电子，胡永宏则进入了成都彩虹电器集团。1992 年，耐不住寂寞的吴长江，从陕西汉中军工企业辞职南下广东。经历了几年的打拼，吴长江决定做照明品牌。于是在 1998 年年底，吴长江出资 45 万元，杜刚和胡永宏每人出资 27.5 万元，一共 100 万元，创办了雷士照明。杜刚出任董事长；吴长江任总经理，主管经营管理；胡永宏任副总经理，主管市场销售。当时这样分配股份（吴长江：杜刚：胡永宏 = 45%：27.5%：27.5%），是为了杜刚和胡永宏的股份加起来占到 55%，以后可以制约吴长江。这是吴长江对另外两人的一种承诺。三人共同的目标就是将公司做大，因此暂时将个人利益置于一边，全心致力于公司的发展。

从股权结构看，吴长江是占比 45% 的单一大股东，而相对两位同学的合计持股，他又是小股东。一方面，这种"有控制权，但又被制约"的结构使三位同窗合力将企业迅速做大，第一年销售额即达 3000 万元，此后销售业绩保持高速增长，每年以 80% 的速度递增，创造了 8 年连续高速增长的奇迹。另一方面，这也为后来的控制权之争埋下了伏笔。

（二）创始人意见分歧

随着企业发展壮大，股东们的心态开始悄然转变。由于吴长江担任总经理，全面负责企业运营，因而对外总是由吴长江代表企业。外界提及雷士，言必及吴长江，其他两位股东觉得自己身份被贬低了。

在这种失衡的心态下,分管销售的胡永宏开始越位干涉企业经营,原本只需要向总经理汇报的事情,胡永宏也以股东身份要求职业经理人向其汇报,并且单方面下达他的指示。这就造成在股东意见不一致时,下属往往无所适从。另外,和大多数民营企业一样,随着雷士的发展,股东间就利润分配方式出现了巨大分歧。吴长江认为应该进一步投入来扩大生产,不能贪图眼前利益,而其他两个股东不愿冒太大的风险,认为雷士发展速度太快,企业根基不牢,坚持最直接的方式——分红。

一开始双方还会坐在一起讨论,可慢慢地,吴长江开始独自作决断,他把赚来的钱一次一次地用于扩大规模,股东间的矛盾逐渐加剧。随着局势的恶化,但凡公司开会,股东一方提出看法,另一方就表示反对,致使会议无法进行下去。不仅如此,由于吴长江的步调太快,其他两位股东担心企业根基不牢,再这样下去会把雷士搞垮。而且胡永宏当时已经萌生退意,于是提出只要公司有收益就马上分红。

此时的吴长江终于品尝到两位股东联合牵制的苦果了,若胡、杜二人联手,吴长江就只是持股45%的"小"股东。于是,"每月分红"变成了董事会的正式决定。而分红之时,由于吴长江的股份较多,所以所分的现金也较其他两位股东多。其他两位股东心理进一步不平衡,要求分红也必须一致。妥协的结果是,吴长江把自己的股份向其他两位股东分别转让5.83%,而代价几乎是无偿的。于是三人的股份形成33.4%:33.3%:33.3%的均衡状态,三位股东在企业的工资、分红也完全均等。然而,股份是均等了,三位股东的关系却并未因此而改善。

(三)矛盾爆发

2005年,吴长江准备在各地寻找比较大的经销商,成立各省运营中心,最终点燃了合伙人分手的导火索。随着销售渠道改革,三位股东的矛盾全面爆发,其他两位股东激烈反对吴长江的改革方案。

吴长江打算从全国数百家经销商中，选择规模较大的数十家，并把他们整合成 35 个运营中心，其角色不仅是单纯的销售职能，同时也是当地的物流、资金和出货平台。运营中心肩负区域内的服务与管理工作，其他规模较小的经销商，则与各省的运营中心接触，不再由雷士直接统一管理。

这些运营中心的总经理，都是由各省会城市业绩最好的经销商来担任。他们既有自己的直营店，同时兼顾整个区域的运营管理。但是吴长江的方案遭到胡永宏及杜刚的反对。

因为渠道变革的导火索，股东之间的分歧上升到了企业分家与否的层面，在董事会上，三个股东为公司发展的问题发生争执，吴长江一怒之下向胡、杜两位股东提出，他出让自己所有的股份给胡、杜，分走 8000 万元现金并彻底离开企业。吴长江本以为又是一次"以退为进"，没想到胡、杜欣然同意，随即签署协议。

几天之后，吴长江开出了退出企业的条件：雷士作价 2.4 亿元由杜刚和胡永宏接管，自己分得 8000 万元彻底退出雷士。基于董事会的决议，吴长江退出雷士似乎已成定局。然而，3 天之后，发生了戏剧性的一幕。

（四）利益相关者改变结局

对于雷士的控制权之争，相关的利益各方源于自身的利害使然都比较关注。一旦雷士破产，现有员工将面临着失业或重新就业的局面，银行将会失去一个好的客户，而供应商和经销商的利益也必然受损。因此吴长江离开不到一周的时间，供销商、经销商，以及员工自发从全国各地赶来，开始了"雷士战略研讨会"。最终，在各利益相关者的协商下，由两百多名经销商和供应商举手表决，全票通过吴长江继续留在雷士，相应地，杜刚和胡永宏被迫退出。

根据双方签订的协议，公司必须支付给胡永宏和杜刚每人 8000 万元，总共 1.6 亿元人民币的股权转让金。其中，一个月之内需给每人支付 5000 万元，总共 1 亿元的资金，而余款都必须在半年内全部交完。在协议签订的两天后，律师又给吴长江拿来了一份补充协议，如果不能按期支付，会拍卖他的股份和品牌。

但是雷士账上并没有足够支付股东款的现金。面对吴长江所面临的资金困境，各利益相关者又一次对其施以援手。其中，供应商允许雷士延长还款期限；经销商主动将钱借给吴长江；有员工甚至将自己的房契抵押，把自己仅有的存款都拿出来，帮助企业解决困难；银行也及时地提供了 6000 万元贷款。最终吴长江在 2006 年 6 月按期付清了两位股东的转让金，并以较高利率还清了借款，雷士照明也终于避免了遭受破产清算的厄运。

然而，当吴长江偿清了股权转让金之后，雷士的账面上流动资金已所剩无几。2006 年，吴长江带领陷入资金困境的雷士选择踏上了融资之路。

二、第二次控制权之争：创始人 VS 投资者

（一）雷士照明股权融资之路

1. 第一次股权融资

联想前总裁柳传志给吴长江介绍了与联想控股有合作的投资者叶志如，她通过其私有公司借给吴长江 200 万美元，期限为半年。与吴长江有过"一面之缘"的亚盛投资总裁毛区健丽得知雷士因股权纷争而面临资金困难后，也和朋友一起借了 2000 万元帮助吴长江渡过难关。吴长江和毛区健丽沟通后，毛区健丽承担起了协助吴长江融资的责任，她带领自己的团队开始为雷士提供全方位的金融服务。2006 年 6 月，毛区健丽筹集自有资金 494 万美元，又向陈金霞、吴克忠、姜

丽萍借入400万美元，并将此次筹资的财务顾问费折算了100万美元，共计994万美元一并投入雷士，获得雷士30%的股权。其后，将10%的股权转让给陈金霞、吴克忠、姜丽萍三人，用于归还400万美元的借款。这是雷士创建以来的第一次股权融资，融资后吴长江的股权比例被稀释为70%。融资后，截至2006年6月雷士股权状况如表3-1所示。

表3-1　2006年6月第一次股权融资后的雷士股权状况

股权所有者	吴长江	毛区健丽	陈金霞、吴克忠、姜丽萍
股权占比	70%	20%	10%
新增出资额	0	5 940 000美元	4 000 000美元

2. 第二次股权融资

然而，毛区健丽提供的现金只能解雷士燃眉之急，远远不够雷士进一步发展所需。对此，毛区健丽在一个多月后又为雷士找来了软银赛富。2006年8月，软银赛富投资2200万美元，获得了雷士约35.71%的股权。双方协议约定：在董事会中，吴长江作为创始人兼大股东拥有两个席位，软银赛富亦有两席；在重大项目以及公司战略决策方面，软银赛富拥有优先否决权，而且对雷士每年的绩效、奖金、转让限制、优先购买权、赎回权等都作出明确的要求。与此同时，先前叶志如借给雷士的200万美元救急款，在赛富投资时一并债转股，转股价格与赛富相同。由此，叶志如获得了雷士3.21%的股份。接受软银赛富注资，以及叶志如债转股后，吴长江持有的股份比例削减为41.79%，毛区健丽持有12.86%股份，软银赛富持有35.71%股份，叶志如持有3.21%股份，陈金霞、吴克忠、姜丽萍三人持有6.43%股份，雷士的股权结构开始呈现多元化趋势。第二次融资后，截至2006年8月雷士股权状况如表3-2所示。

表 3-2 2006 年 8 月第二次股权融资后的雷士股权状况

股权所有者	吴长江	毛区健丽	软银赛富	叶志如	陈金霞、吴克忠、姜丽萍
股权占比	41.79%	12.86%	35.71%	3.21%	6.43%
新增出资额	0	0	22 000 000 美元	2 000 000 美元	0

　　股权比例的变化使雷士不再是吴长江单一持股的格局。这时的吴长江意识到："雷士不是我一个人的雷士，应该是有各种资源、各种力量，乃至各方人才汇聚的地方，而这个过程必须站在高起点，通过整合来一步步地实现。"吴长江首先对公司内部进行改造，积极吸收优秀人才加入雷士，先后引进了在新世界旗下一家公司担任 CFO 的谈鹰、资深营销专家吴正喆、TCP 中国区 CEO 夏雷、飞利浦照明中国工程渠道总监殷慷、物流总监张清宇等高端人才。

　　在吸收了大批优秀职业经理后，吴长江将目光转移到了公司规模的扩张，希望通过行业并购的方式来实现该目标，这一想法得到了雷士董事会的支持。为了提高其节能灯制造能力，雷士先将目标锁定在世通投资有限公司，世通的全资子公司浙江三友、江山菲普斯及漳浦菲普斯是专门从事节能灯灯管及相关产品制造的公司。其中，浙江三友是国内著名的毛管生产量最大、自动化程度最高的公司，为飞利浦和通用电气公司供货，在生产规模和技术实力上能够满足雷士对上游原材料的需求，也可以弥补雷士在制造规模上的不足。另外，一家具有很强研发能力并拥有核心技术的上海阿尔卡德公司也进入了雷士的并购视线。同时，雷士又借金融危机之时，打算收购英国一家著名的照明企业，以便进入当地的销售渠道。

　　3. 第三次股权融资

　　然而，实施行业并购带来的资金问题极大地困扰着雷士。软银赛富前期的投资已经不能满足雷士的资金周转。此时，吴长江又想到了资本整合，于是开始寻找新的资金来源。考虑到雷士规范化治理和国际化发展的需求，这次吴长江主要寻找欧美地区的优质投资公司，高盛与雷士的资本合作就此展开。2008年高盛正式向雷士投资3656万美元，而软银赛富此时再次增资1000万美元，完成了对雷士的第二次投资。在这次投资中，软银赛富为了表示诚意，放弃了以51.48美元/股的优先认购权，与高盛一样以175美元/股认购，并最终成为雷士第一大股东。截至2008年8月，第三次股权融资后的雷士股权状况如表3-3所示。

表3-3 2008年8月第三次股权融资后的雷士股权状况

股权所有者	吴长江	毛区健丽	软银赛富	高盛	其他
股权占比	34.40%	9.50%	36.05%	11.02%	9.03%
新增出资额	0	0	10 000 000美元	36 560 000美元	0

4. 第四次股权融资

2008年8月，雷士通过股权置换加现金支付等方式，以10亿元的价格顺利完成了对浙江三友公司的收购，也完成了对世通投资公司的收购。其中，世通投资公司是世纪集团的子公司。雷士除了要支付4900万美元现金，还要定向增发326 930股雷士普通股给世纪集团作为收购对价的一部分，世纪集团占股14.75%。截至2008年8月29日，第四次股权融资（定向增发）后的雷士股权状况如表3-4所示。

表3-4 2008年8月29日第四次股权融资（定向增发）后的雷士股权状况

股权所有者	吴长江	毛区健丽	软银赛富	高盛	世纪集团	其他
股权占比	29.33%	7.74%	30.73%	9.39%	14.75%	8.06%
新增出资额	0	0	0	0	配发326 930股	0

（二）成功上市

2009年，全球经济逐渐复苏，金融危机的影响日渐削弱，股市也似乎走出了低迷，而此时的雷士在完成人才引进、公司规模扩张等一系列整合之后，已经开创出了一个新格局。2009年8月，在征求了一些投行和股东的意见后，雷士正式将上市提上日程。2010年5月20日，雷士在香港联交所主板正式挂牌交易（股票简称：雷士照明，股票代码：2222.HK），发行6.94亿股新股，占发行后总股本的23.85%，发行价2.1港元/股，募资14.57亿港元。IPO后的雷士股权状况如表3-5所示。

表3-5　2010年5月20日IPO后的雷士股权状况

股权所有者	吴长江	毛区健丽	软银赛富	高盛	世纪集团	其他
股权占比	22.33%	5.89%	23.41%	7.15%	11.23%	29.99%
新增出资额	0	0	0	0	0	1 457 000 000 港元

（三）矛盾爆发

为了提高品牌形象、加强品牌建设以保持在行业中的技术领先地位，雷士进一步加大研发投入，并引入国际高端、先进的技术。2011年7月21日，法国施耐德电气作为策略性股东进入雷士，并签订了"销售网络战略合作协议"，协议规定，施耐德的电气产品可以通过雷士旗下的3000家门店渠道进行销售。相应地，施耐德电气以4.42港元/股的价格斥资12.75亿港元从软银赛富、吴长江、高盛、世纪集团等六大股东手中买入2.88亿股股票，股份占比9.22%，成为雷士第三大股东，此阶段的股权结构如表3-6所示。

表3-6　2011年7月21日引入施耐德后的雷士股权状况

股权所有者	吴长江	软银赛富	高盛	世纪集团	施耐德	其他
股权占比	15.33%	18.48%	5.65%	9.04%	9.22%	42.28%
新增出资额	0	0	0	0	1 275 000 000 港元	0

▶ 公司治理：实践案例与基础理论

吴长江此举再一次摊薄了自己的股权，并且其在董事会也不占优势，董事中创业方代表仅有吴长江、穆宇（雷士副总裁）两位，而投资方的代表包括软银赛富的阎焱和林和平、高盛的许明茵、施耐德的朱海。如果将软银赛富、高盛、施耐德三个投资者视作一致行动方，那么创业者与投资者在董事会的力量对比是 2∶4，这意味着公司控制权落在了投资者手中。但是，当时的吴长江并未意识到股权稀释问题的严重性，这也为后来发生的控制权争夺埋下了伏笔。

2011 年 9 月，施耐德提名李新宇出任雷士副总裁，分管公司的商业照明工程和项目审批的核心业务。此时，吴长江终于察觉到作为第三大股东的施耐德不仅是投资这么简单，而是想涉足公司经营，进而达到控制公司的目的。与此同时，吴长江与软银赛富的合作也不尽如人意，不论是公司管理模式，还是公司发展战略和业绩目标，双方都摩擦不断，吴长江虽任董事长，却在董事会的制约下，失去了"一言堂"的决定权。不甘于失去话语权的吴长江此后不断增持股票，希望重做雷士第一股东。在两次增持后，吴长江的持股比例达到 19.19%，超过了软银赛富，再次成为第一大股东，但此举并不足以让吴长江改组董事会。而作为投资方的软银赛富和施耐德正试图通过董事会程序"请走"吴长江。2012 年 5 月 25 日，雷士突然发布公告，创始人吴长江因个人原因辞去公司及附属公司的一切职务，非执行董事、软银赛富基金创始合伙人阎焱获选为董事长。公告还宣布委任施耐德低压终端运营总监张开鹏为首席执行官职务。

2012 年 6 月 14 日，有媒体报道称，吴长江和妻子疑因在重庆卷入一宗案件，已被有关部门带走调查。随后，吴长江在微博中澄清传闻，称只是想好好休息一段时间，也顺便总结自己这十几年的创业体会和得失，并表示自己没有问题，不怕调查。2012 年 6 月 19 日在香港召开的股东大会上,吴长江作为雷士第一大股缺席会议。有媒体指出,软银赛富的阎焱操纵股价,并且联合施耐德造成吴长江辞职。阎焱作出回应驳斥该说法,并称吴长江如身体好转可以重回雷士,但需要遵守三个条件:第一,必须跟股东和董事会解释清楚被调查事件;第二,处理好所有上市公司监管规则下不允许的关联交易;第三,必须严格遵守董事会决议。面对这样的条件,吴长江再次发微博称自己是"被辞职",并陈述了事情的经过:"(2012年)5月20日我因公司2009年聘请了一位顾问而协助有关部门询问调查,出于对董事和大股东的尊重,我第一时间告诉了阎焱先生。5月21日阎焱告诉我,经董事们商量,一致要求我辞去公司一切职务,并要求我先回避一段时间。"同时,吴长江还表示,希望回到雷士,但不能接受成为间接罪证的三个条件。

(四)再次回归

从吴长江的辞职,到他想重新回到雷士的消息传出,历史似乎又重演了一次。2012年7月12日,雷士召开公司中高层管理人员会议。这一次会议的参会者不仅包括高级管理人员,还包括雷士的中层管理人员、基层员工、经销商、供货商,他们向投资方软银赛富基金合伙人、雷士现任董事长阎焱及施耐德代表提出诉求,并数次打断投资方的程序性解释,现场气氛火药味十足。

据一位参会人士称,双方谈判内容主要集中在四个焦点:一是改组董事会,不能让外行领导内行;二是争取更多的员工权益;三是要让吴长江尽快回到雷士;四是让施耐德退出雷士。如果满足不了这些条件,员工表示会无限期停工,供应商表示要停止供货,经销商表示将停止下订单。最终,阎焱对上述诉求给出了在三周内答复的回应。

7月13日,雷士早盘开市停牌。员工到岗不开工,开始了全国范围内的停工，重庆员工还联名签署了一份致重庆市人民政府及重庆市南岸区人民政府的请愿书。在雷士的重庆总部、万州工厂、惠州工厂等基地，有员工拉起了"无良施耐德""吴总，雷士离不开你！""吴总不回来，坚决不复工""我们要订单，我们要上班，我们要吴总回来"等横幅。经销商停止下订单，供应商也停止供货。此时的投资方似乎意识到局面有些失控。

8月14日，雷士董事会发公告对经销商诉求作出回应，表示不同意吴长江回归董事会。但作为对经销商的部分妥协，雷士称李瑞和李新宇两名"施耐德系"的高级管理人员已辞职。

8月20日，在董事会态度软化的情况下，吴长江在重庆与超过40家供应商召开沟通交流会，动员供应商恢复供货。部分供应商表示会响应吴长江的要求，有条件恢复供货。为了维持正常运转，雷士最终在9月4日发表公告，称公司决定设立一个临时委员会以管理公司日常运营，运营委员会由吴长江、朱海、张开鹏、穆宇、王明华及谈鹰组成，吴长江担任该临时委员会的负责人。这一公告的发布标志着吴长江又一次完成了从辞职到重回雷士的华丽转身。

至此，接近三个月的雷士控制权之争在供货商、经销商、员工等的影响下峰回路转。2011年11月，在创始人吴长江"回归"近两个月后，雷士首席执行官张开鹏请辞，这意味着雷士的管理开始更多地由创始人团队主导。

三、惨淡结局

然而，就在吴长江重回雷士的第三年，2014年8月8日，吴长江被雷士照明董事会罢免CEO职务。2014年8月29日，雷士照明召开临时股东大会，占投票股东所有持股数95.84%均赞成罢免吴长江董事及董事会下属委员会的所有职务，吴长江从此彻底从雷士出局。消息一出便引起舆论哗然，为什么吴长江被彻底赶出董事会，这三年间发生了什么？

从2012年至2014年8月，吴长江为筹措资金建设其个人实际控制的重庆无极房地产开发有限公司所开发的"雷士大厦"项目，以其本人实际控制的重庆无极房地产开发有限公司、重庆雷立捷实业发展有限公司、重庆华标灯具制造有限公司、重庆恩纬西实业发展有限公司、重庆江特表面处理有限公司为贷款主体，利用雷士照明（中国）有限公司的银行存款提供质押担保，向银行申请流动资金贷款。雷士照明（中国）有限公司先后出质保证金92 388万元，为吴长江个人实际控制的上述公司申请90 162万元流动资金贷款提供质押担保。上述贷款发放后，均由吴长江支配使用，用于"雷士大厦"项目建设、偿还银行贷款、个人借款等。由于吴长江无力偿还上述贷款，致使银行将雷士照明（中国）有限公司的55 650.23万元保证金强行划扣，造成公司巨额损失。

除此之外，2014年初，吴长江利用担任重庆雷士照明有限公司法定代表人的职务便利，通过重庆雷士照明有限公司总经理张某要求财务出纳黄某等人在处理重庆雷士照明有限公司废料时，将小部分废料款项转入公司财务部门入账，其余废料款不入账，而供其个人使用。黄某将部分废料款300万元汇入吴长江个人账户，70万元汇入其前妻吴某个人账户供吴长江个人使用，并将变卖废料的原始财务凭证销毁。

2016年12月，吴长江因挪用资金罪、职务侵占罪，经惠州中院一审，被判处有期徒刑14年，没收财产人民币50万元，并责令吴长江退赔人民币370万元给重庆雷士照明有限公司。在吴长江被判入狱的三年后，2019年8月11日晚，雷士照明发布公告称，私募巨头KKR将以7.94亿美元收购其中国照明业务70%股权，于2019年第四季度交割。

模块二　基本问题与拓展分析

Q1：在公司治理的过程中，谁才是公司治理主体？

公司治理主体是指哪些主体参与公司的治理，这些主体一般包括股东和所有的利益相关者。

1. 公司治理主体的选择原则

股东利益至上理论提出，公司存在的目的就是追求股东利益最大化。与此相对应地，利益相关者理论则认为公司应以满足各利益相关者的利益为目标。那么，公司治理主体如何在股东利益至上和利益相关者利益至上之间作出选择呢？这就需要明确公司治理主体的判断原则。

（1）公司长期市场价值最大化原则。公司治理主体的选择应该确保公司的长期市场价值最大化，这样才能避免股东和管理者的短期行为。

（2）公司治理结构有效运营原则。公司在选择治理主体时应该保证公司的决策层能够有能力和激励作出有利于提高公司经营效率的正确决策。

2. 公司治理主体的选择方向

单纯股东利益至上或者利益相关者利益至上的公司治理都不是最优的选择，而是应该从公司治理主体选择的原则导向，设计一套双重公司治理模式，即以股东利益为主导、兼顾各相关利益主体利益的治理模式。

Q2：单边治理转向多边治理可行吗？

1. 股东利益至上理论

根据古典的资本雇佣劳动理论，资本家出资购买设备、原材料，雇用工人从事生产经营活动的目的就是实现资本增值，因此，资本的投入者即企业的所有者，企业是资本投入者的企业，企业经营以股东的利益最大化为目标，这是股东利益至上理论的基本观点。科普兰认为，一群人在面临稀有资源竞争的情况下完成某一项任务时，有些人会选择企业经营某项专门业务，相应地获取相对固定的报酬和雇佣契约保护。有些人会向企业投入临时资本，保留资本所有权，让渡资本使用权，享有企业现金流量优先权，并受到限制企业行为的法律的保护。有些人需要向企业注入资本，将资本转化为企业大量的厂房、设备等专用性资产，这些资产一旦挪为他用，就会遭受价值损失；并且，这些资产又可作为企业债务危机的抵押资产，企业经营的风险由拥有这些专用资产的资本提供者承担，因此，资本投入者被赋予经营控制权和收益分配权，并承担剩余风险，即企业所有者的权益。以上涉及了雇员、债权人、股东三方利益主体，前两者都是通过契约获取相对固定的收益和自身利益保护，而只有股东承担剩余风险，因而被赋予最终控制权。

从"企业是股东的企业"角度出发，公司治理的主要问题是解决所有者（股东）与经营者（经理层）之间的委托—代理关系。股东利益至上理论的基本理念是管理者服务于股东，股东是公司剩余风险的承担者，股东拥有使用、处置、转让其产权的权力，管理者的目标就是追求股东利益最大化。

2. 利益相关者理论

利益相关者理论的基本论点是企业不仅要对股东负责，而且要对与企业有经济利益关系的相关者负责。利益相关者理论指出，职工、经营者、供应商和用户与股东一样，都承担了风险。资本市场的发展背景下，股东变得分散，且更容易在资本市场上"用脚投票"来转移风险，而企业利益相关者与企业的利害关系变得更加密切，企业的倒闭意味着人力资本的损失，企业职工更关心企业的发展。所以利益相关者理论认为，企业各利益相关者都应成为企业的所有者。

3. 单边治理理论

"股东主权至上"的单边治理理论在公司治理早期备受推崇，该理论强调股东是公司治理的主体。公司如果按股东价值最大化的原则进行经营，不仅股东的利益，其他与企业有交易关系的缔约者利益，乃至整个经济体系的绩效都会得到提升。

4. 多边治理理论

多边治理理论提出，应该把更多的注意力集中到那些对企业生存有直接利害关系的利益相关者上，如股东、员工或工会、主要消费者、主要债权人、主要供应商以及政府机关等，形成由外部利益相关者构成的利益相关者委员会，为董事会提供更多的支持，从而使公司治理实现由单边向多边的转变。

雷士照明的案例中，供销商、经销商，以及员工等利益相关者的参与，使雷士的控制权之争峰回路转，一跃成为此次公司治理事件中的治理主体。但是，这只是一个特例，并不代表利益相关者参与公司治理可以成为普遍现象。公司治理是一种日常治理，需要长期性以及可持续性。但是本案例中的利益相关者参与治理是一种非常态行为，并不能说明单边治理已经向多边治理发生转变。

多边治理理论认为：

（1）虽然股东是公司剩余索取者并由此而承担公司经营风险，但由于公司的有限责任制，股东只承担一部分风险，而不是全部风险。

（2）由于开放的大型公众公司股权极为分散，股东们普遍存在的"搭便车"心理，使得股东很难监督经营者的行为。

（3）股东至上主义者所主张的若干公司治理机制虽然有利于股东，但对于其他利益相关者是不利的，甚至是有害的。

第三章　雷士照明

但是仔细分析就可以找出多边治理的漏洞。在基于自身利害考虑的同时,利益相关者之所以支持吴长江,主要是源于其在日常经营管理中表现出来的行为得到了大家的认可与信任。利益相关者不能参与治理,主要是因为他们缺少治理公司的权力、能力和动力。

（1）权利。雷士的另外两个大股东胡永红和杜刚,每人占有33.3%的股份,共占有66.6%的股份,足以掌控雷士的命运。在企业中,股东占有股份,承担风险,只有他们有权利作出决策。

（2）能力。利益相关者不具备职业经理人,即公司的管理者的专业能力,他们也不具备所有者,即股东的企业家才能。

（3）动力。不能否认利益相关者也承担了风险,但那只是很小的一部分。这一小部分风险相应的利益,不足以驱动利益相关者全力维护企业的发展。

目前我国企业的公司治理理论仍沿用的是传统的单边治理结构,多边治理模式尚不具备普遍适用性。

第四章

"小马奔腾"与"康师傅"

模块一　案　例　正　文

案例 a：小马奔腾

小马奔腾是一家以投资制作影视、演艺经纪、广告、新媒体、院线等多领域运营的娱乐传媒公司，旗下拥有北京新雷明顿传媒广告有限公司、北京小马奔腾壹影视文化发展有限公司、北京小马奔腾影业有限公司、北京小马奔腾影院投资有限公司、北京小马奔腾演艺文化有限公司、北京龙马威科技发展有限公司等，业务范围涵盖到文化产业的各个领域。

一、建立初期

"小马奔腾"这个听起来有些像快递公司的影视公司，曾经创造了估值 36 亿元的业界神话，产出了《武林外传》《甜蜜蜜》《建国大业》《将爱情进行到底》等家喻户晓的作品，被称为影视界的神奇黑马，而驾驭这匹黑马的正是创始人李明。

李明在北京广播学院摄影系毕业后，以广告片摄影师的身份进入职场，曾供职于多家国内外大型广告公司。1994年，李明决定辞职创业，成立北京新雷明顿广告有限公司，以代理中央电视台栏目广告为主营业务，央视一套《新闻30分》、央视二套《经济与法》，以及央视电影频道大部分时段的广告代理权都陆续成为公司稳定的项目来源。

随着广告业的利润逐渐稀薄，1998年，李明和姐姐李莉、妹妹李萍共同创办小马奔腾影视文化发展有限公司。公司创立之初，李明和李莉、李萍均持有股份33.3%。而正在经营一家素食餐厅的妻子金燕并没有跟随丈夫的脚步进入影视行业。在公司分工方面，李莉在小马奔腾公司中掌管集团财务、人事方面事务；李萍负责起家的广告业务；李明主抓公司的战略决策以及创作，但是作为公司董事长的李明很少参与公司资本的运营。

作为小马奔腾的"左脑"，李明不仅是公司的董事长，更是这个公司的"创作核心"，在华谊兄弟、博纳影业等影视公司都忙于争抢市场上耀眼的明星资源时，"名不见经传"的小马奔腾却凭一己之力，通过给予编剧充分的价值认可，成为第一个签约编剧的影视公司。正是因为李明对于编剧的肯定及信任，"中国第一编剧"刘恒、《霸王别姬》编剧芦苇、《士兵突击》编剧兰晓龙，以及宁财神、李修文、孔二狗等青年编剧都陆续与小马奔腾签约。优质的编剧保证了电视剧作品的品质，《历史的天空》《甜蜜蜜》《我的兄弟叫顺溜》《三国》等多部脍炙人口的优秀电视剧作品均出自小马奔腾之手，每一部都收获了较好的口碑和收益。

二、黄金时期

在电视剧行业占有一席之地的小马奔腾并没有因此满足。2003年，在注册成立专门从事电影业务的小马奔腾影业有限公司之后，李明对公司进行集团化整合，最初的新雷明顿最终"摇身一变"成为北京小马奔腾文化传媒股份有限公司。

2007年年底，小马奔腾的首轮融资斩获霸菱亚洲投资公司4000万美元，是当年行业内最大金额单笔融资。资金充裕、行业前景一片光明，小马奔腾进军电影业扩张业务是必然的明智选择。在小马奔腾投资电视剧与电影的众多实践案例中，小马奔腾没有一次因投资失败而赔钱，除了领导人李明对编剧的充分重视、狠抓创作之外，由小马奔腾的总经理钟丽芳主导的以风险管理为核心建立的业务体系也功不可没。在钟丽芳眼里，电影是一个生意，她对每一部电影有严格的预算框架评估，以及风险控制。也正是因为钟丽芳的谨慎，小马奔腾才能依靠可靠的投资成为影视业黑马。

在广告、影视制作发行方面已经占据一席之地的李明继续在传媒业拓展版图，野心勃勃的他志在"做产业链最全的传媒公司"，2011年年初，小马奔腾影视集团演艺经纪公司成立。

三、资本引入

2011年3月，小马奔腾新一轮融资开启，最后由建银国际（控股）有限公司旗下的建银文化产业股权投资基金（天津）有限公司（后称"建银文化"）领投，清科创投、汉理资本旗下汉理前景投资基金、易凯资本等其他多家跟投，小马奔腾共获得高达7.5亿元人民币规模的投资，创下了当时中国影视业融资纪录。但是，这次风光无限的融资却为后来小马奔腾的衰落命运埋下了伏笔。

领投的建银文化是一家基金规模20亿元人民币的投资公司，投资人包括中国建设银行、中国出版集团公司、中国电影集团公司，以及七弦投资、江苏雨润等。双方签署的投资协议确认，此次投资估值以小马奔腾2011年12月31日的财务年度报告预测净利润1.5亿元为基础，按照20倍市盈率对公司进行计算，小马奔腾的估值为30亿元，

第四章 "小马奔腾"与"康师傅"

小马奔腾与建银文化签署"关于北京新雷明顿广告有限公司的增资及转股协议"。在股权投资协议之外,建银文化还与小马奔腾当时的实际控制人李明、李萍和李莉签署了一份"投资补充协议"的对赌协议。对赌协议约定:若小马奔腾未在2013年12月31日之前实现合格上市,则投资方建银文化有权在2013年12月31日后的任何时间,在符合当时法律法规要求的情况下,要求小马奔腾实际控制人或李萍、李莉、李明中的任何一方一次性收购建银文化所持有的小马奔腾的股权。带领着小马奔腾一路顺风顺水走过来的李明对小马奔腾的未来充满信心,很显然他的乐观使他轻视了这份对赌协议背后的风险。

> **知识速通**
>
> 对赌协议实际是一种期权形式,即收购方(投资方)与出让方(融资方)在达成并购(或融资)协议时,对未来不确定情况进行约定。对赌内容可以是业绩、上市等,约定条件达标则融资方可行使某权利,若不达标投资方可行使相应权利,通过合理的对赌条款设计可有效保护投资人利益。

此时,小马奔腾集团的股权结构(参见图4-1)为:李氏兄妹控制的北京小马欢腾投资有限公司持有45.33%的股权,建银文化持股15%,副总裁钟丽芳持股4%,导演宁浩持股2.5%,李莉、李明及李萍分别直接持有5.2%、3%和4.4%的股权。此外,还有28家机构和个人持有股份,其中信中利资本董事长汪潮涌持股0.7%,易凯资本董事长王冉持股0.2%。

第一大股东小马欢腾于2011年3月成立,李莉、李明、李萍各占小马欢腾16.7%、33.3%、50%的股份,李萍为法人代表。由此计算,李莉、李明、李萍三人通过小马欢腾间接持股以及个人直接持股,合

▶ 公司治理：实践案例与基础理论

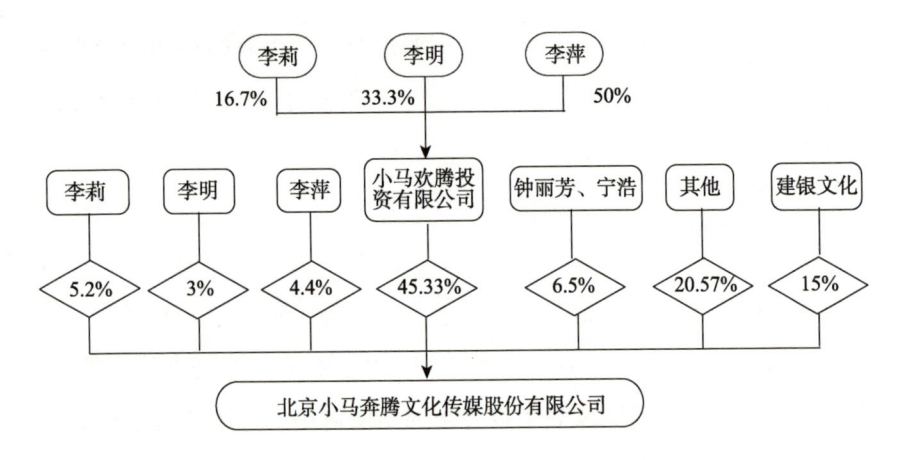

```
        李莉          李明         李萍
       16.7%        33.3%        50%
                      ↓
                 小马欢腾投
                 资有限公司
  李莉   李明   李萍  45.33%  钟丽芳、宁浩  其他   建银文化
  5.2%   3%   4.4%          6.5%      20.57%   15%
                      ↓
            北京小马奔腾文化传媒股份有限公司
```

图 4-1　小马奔腾集团股权结构

计持有小马奔腾 57.93%股份，占绝对控股地位。其中，李萍合计持有小马奔腾的股份最多，为 27.07%，李明合计持股 18.10%，李莉合计持股 12.77%，如图 4-2 所示。

```
        李莉 12.77%
  李萍            李明
 27.07%         18.10%
```

图 4-2　家族成员在小马奔腾持股情况

2011 年，在完成最后一轮融资之后，小马奔腾积极等待上市的机会，涵盖广告、电视剧、电影等各个板块的业务结构一如既往地被资本市场看好，上市计划也在不断推进。自 7.5 亿元的融资之后，再一次让小马奔腾受到外界关注的是 2012 年在数字王国价值 3020 万美元的收购案中，小马奔腾在副董事长钟丽芳的操盘之下，以 70%控股权，

在 5 人董事会中占据 3 席，收购好莱坞著名特效公司数字王国，小马奔腾在产业链条的完善上又跨出了一步。至此，小马奔腾集团主要结构如图 4-3 所示。

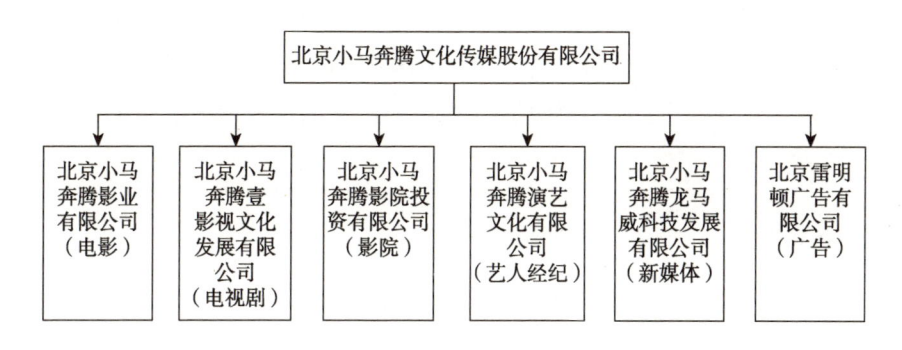

```
                    北京小马奔腾文化传媒股份有限公司
    ┌──────────┬──────────┬──────────┬──────────┬──────────┬──────────┐
 北京小马    北京小马    北京小马    北京小马    北京小马    北京雷明
 奔腾影业    奔腾壹      奔腾影院    奔腾演艺    奔腾龙马    顿广告有
 有限公司    影视文化    投资有限    文化有限    威科技发展  限公司
 （电影）    发展有限    公司        公司        有限公司    （广告）
            公司        （影院）    （艺人经纪）（新媒体）
            （电视剧）
```

图 4-3　小马奔腾集团主要结构

四、上市受挫

李明的全产业链架构逐渐成型，但令李明没有料到的是，小马奔腾的上市之路颇为多舛。多方融资并购的数字王国因破产而导致的信用危机，使得业务难以顺利进行，再加上美国对职工权益保护的严格要求，内部整合进展艰难，数字王国"烧钱"严重。小马奔腾为避免其亏损对公司上市产生负面影响，将数字王国转让给香港壳公司奥亮集团，最终失去控制权。结束数字王国失败的并购事件后，小马奔腾的上市之路愈加一波三折。

最初，小马奔腾引入了霸菱亚洲，瞄准海外资本市场，搭建了 VIE 结构，意在海外上市。而 2010 年前后，中概股在美国境遇堪忧，两相比较之下，小马奔腾还是决定在中国 A 股寻求上市。A 股市场要求影视文化公司无外资背景，小马奔腾遂引入建银文化的投资，有外资背景的上一轮投资方霸菱亚洲退出。根据国内 IPO 审核要求，小马奔腾公司还须拆除 VIE 结构进行身份转换。正是因为"拆 V 回 A",为了缩短流程时间,李明在小马奔腾的股权结构中,采用了小马欢腾作为小马奔腾的控股股东,但是在这一层公司结构中,李明的姐姐李莉和妹妹李萍的股份却比他自己还多,李明只是小股东。原小马奔腾高管透露,这是一种典型的代持结构——但法律并不承认。也正是这样一种股权结构,在李明去世后,为小马奔腾家族内乱的爆发埋下了隐患。

> **知识速递**
>
> 可变利益实体(variable interest entities,VIEs),即"VIE 结构",也称"协议控制",是指境外上市实体与境内运营实体相分离,境外上市实体通过协议方式控制境内运营实体。这种安排可通过控制协议将境内运营实体利益转移至境外上市实体,使境外上市实体的股东(即境外投资人)实际享有境内运营实体经营所产生的利益。

> **知识速递**
>
> 股权代持(on behalf of equity holders),又称委托持股、隐名投资或假名出资,是指实际出资人与他人约定,以该他人名义代实际出资人履行股东权利义务的一种股权或股份处置方式。

VIE 结构使得小马奔腾的 IPO 一拖再拖。此外,2012 年 11 月,证监会展开了 IPO 自查与核查运动,IPO 事实上暂停,直至 2014 年 1 月才重启。李明尝试过借壳上市,但也没能成功。于是,小马奔腾不可能在 2013 年 12 月 31 日(补充协议中要求的上市截止时间)之前实现上市。此时小马奔腾的市场估值高达 54 亿元。但最终小马奔腾无法按时实现对赌协议中的上市要求。

紧接着，更大的悲剧发生了，47岁的李明于2014年1月2日因突发心肌梗死倒在了本命年门槛前，作为公司的灵魂人物、主心骨和实际控制人，李明的去世使这个"失怙"的公司陷入"姑嫂相斗"的现实"宫斗"漩涡。

五、家族内斗

在董事长李明去世第二天的公司高管会议上，大家一致同意董事长的妻子金燕继任董事长兼任总经理。李明的姐姐李莉继续担任副总裁，负责财务、人事工作；妹妹李萍负责集团旗下北京新雷明顿广告有限公司，她的丈夫李立功担任小马奔腾电视剧总经理。会议结束之前，金燕把李萍和李莉拉到身边，对参会人员说："我们姐妹三人以后得把小马奔腾继续撑下去，继续把工作干下去。"

然而，金燕想和李莉、李萍携手一起完成丈夫未竟事业的希望终是"黄粱一梦"。随着李明去世的紧急期度过，金燕在小马奔腾的工作并不顺利，股权隐患开始暴露，姑嫂三人之间围绕公司控制权的裂痕开始出现，并越来越大。

李明的部分股份由姐姐李莉和妹妹李萍代持，但姐弟、兄妹之间并未签订代持协议，而李明去世后，金燕一直未拿到李明的遗产清单及代持股份，受限于李明在股权结构中所持股份不多的局限性，董事长金燕的话语权较弱，很多业务意向无法顺利开展。正如金燕此后所言："我（金燕）从来不是（小马奔腾）实际控制人。"

金燕任小马奔腾集团的董事长之后，首先面临的就是资金问题，为解决建银文化对赌危机，她的第一项方案是引入新的投资方，金燕与华人文化产业投资基金进行交涉，华人文化同意以36亿元的市场估值接受小马奔腾，双方协商基本完成。但是，其他股东，包括建银文化等对其估值表示不满，反对投资方案。华数传媒也曾提出30亿元的估值希望并购,也由于股东无法统一意见难以实施。最终,多个并购提案都付诸流水。小马奔腾的内部高管表示:"投资不成的原因,一方面是小马奔腾的股东们在估值上不愿妥协,另一方面公司股权结构混乱、决策层意见不统一,让投资人望而却步。"

2014年10月,金燕经历决策多次受阻、无法履行董事长合法的权力之后,决心做最后一次努力,试图以个人身份筹资,收购公司的所有外部股份。然而,就在小马奔腾苦苦支撑,等待曙光的时候,家族内乱成为其背上增加的又一根稻草。2013年10月29日傍晚,现实版的"宫斗"情节发生在了小马奔腾公司内部。公司股东未经授权直接从公司带走小马奔腾的公章,同时小马奔腾及其子公司全部营业执照的正副本原件均不翼而飞。10月31日,小马奔腾召开第一届董事会第九次会议,建银文化和李氏姐妹联手罢免了拒绝参加此处会议的金燕的董事长及总经理职务,任命李莉为公司董事长。11月3日,小马奔腾发布公告,正式宣布公司法人代表和董事长由金燕变更为李莉。

就在李氏姐妹联合建银文化罢免金燕的前夜,金燕及小马奔腾核心高管在金燕的餐厅彻夜商谈,最后形成了给李氏姐妹的一封信,希望在"小马坠落之前的悬崖边"最后拦截一下,但并没有得到李氏姐妹的回应。事情的最终结果正如媒体上的报道那样,建银文化联合李氏姐妹罢免了金燕的董事长职务。

姑嫂之间的争斗严重影响了小马奔腾公司正常的运营,自李明去世后,小马奔腾的内部管理混乱,领导人的变更频繁使很多第三方投资者对小马奔腾失去了信心,减少资金的投入。公司内部众多人员,尤其核心团队人员也疲于应付管理层的内部"宫斗",骨干团队在面对这样股权混乱、管理混乱的情况下相继离职。自此,小马奔腾一直引以为傲的导演、编剧资源也已不再。

对于日渐式微的小马奔腾,建银文化又给了它致命一击,在2014年10月31日,建银投资以金燕、李萍、李莉及李明父母和女儿为被

第四章 "小马奔腾"与"康师傅"

申请人，向中国国际经济贸易仲裁委员会提出仲裁申请，请求裁决金燕、李萍和李莉向其连带支付 6.35 亿元，其中包括建银投资对小马奔腾 4.5 亿元的投资金额及其产生的利息。建银投资公司的请求意味着，金燕因与李明的夫妻关系而应承担李明应负的股权回购义务。但这一请求，因不属于本仲裁案的管辖范围，未被贸易仲裁委员会采纳。最后裁决，金燕、李明父母和女儿在继承遗产范围内承担责任。此仲裁裁决出来后，为了继承遗产来还债，金燕努力做财产继承分割工作，但当时已经联系不上李萍、李莉姐妹，金燕的工作进行得非常困难。而几乎把金燕压垮的是建银投资于 2016 年 10 月以金燕为被告，向北京市第一中级人民法院提起的诉讼，认为"对赌协议"中的股权回购义务是李明和金燕的夫妻共同债务，请求判令金燕承担股权回购款、律师费及仲裁费等，在 2 亿元范围内承担连带清偿责任。建银投资公司提起的诉讼并非空穴来风，根据当时《中华人民共和国婚姻法》司法解释（二）第 24 条和第 26 条的规定：债权人就婚姻关系存续期间夫妻一方以个人名义所负债务主张权利的，应当按夫妻共同债务处理；夫或妻一方死亡的，生存一方应当对婚姻关系存续期间的共同债务承担连带清偿责任。最终，一审法院判决对建银投资公司的请求予以支持，并依照《婚姻法》司法解释（二）第 24 条、第 26 条的规定：此债务为夫妻共同债务，判令金燕承担 2 亿元范围内的连带清偿责任。对此有争议的判决，金燕提起上诉。

在金燕与建银投资的纠纷过程中，小马奔腾公司因资金链断裂，于 2017 年 10 月 3 日在京东司法拍卖网上拍卖，金燕对于拍卖事件表示，自己作为优先购买权人，在拍卖进行之前没有接到任何通知，她认为拍卖不具备合法性。但是，拍卖依然顺利进行了。拍卖公告显示，小马奔腾中李莉、李萍所持合计 9.6% 的股份以 3647 万元成交，小马欢腾中李莉、李萍所持合计 66.67% 的股份以 1.19 亿元成交，两场拍卖最终合计约 1.55 亿元的起拍价，由冉腾（上海）投资咨询有限公司拍走，冉腾投资成为小马欢腾和小马奔腾的控股股东。曾经估值高达 54 亿元的小马奔腾在 2017 年的估值只有 3.8 亿元。

冉腾投资接收后的小马奔腾，结束了资源内耗、牵扯不清的管理层内斗，股权结构重新洗牌。小马奔腾被拍卖冻结的股权解冻、公司能够在新的控制人治理之下进行新的融资，也开始继续正常的经营运作。但是，即使重回正轨，小马奔腾流失的骨干团队也难以回归，慢慢恢复流失的企业核心人才、建立新的创作团队和高管团队都是小马奔腾需要迫切行动的。

案例 b：康师傅

提起方便面，中国消费者首先想到的可能就是康师傅。从 1992 年生产出第一包方便面，到 2018 年占据中国方便面市场近一半的市场份额，康师傅俨然成为方便面的代名词。康师傅是中国台湾顶新国际集团旗下知名品牌之一，由魏应州、魏应交、魏应充、魏应行四兄弟共同创立。四兄弟性格鲜明，各司其职。顶新集团旗下还拥有众多知名品牌，如福满多、德克士、味全、全家便利 Family Mart 等，同时顶新还涉及粮油、地产、社会公益等行业，商业版图横跨中国大陆和中国台湾地区。

一、发展初期

（一）挖掘商机

1987 年年底，由于台湾市场有限，魏氏兄弟计划到欧洲投资拓展市场。但在动身前，台湾民众赴祖国大陆探亲放开，想到大陆庞大的人口和巨大的市场，他们立即决定改变方向，去潜藏无限商机的大陆

第四章 "小马奔腾"与"康师傅"

市场寻求发展。四兄弟中年纪最小的魏应行性格开朗，又能说会道，于是被哥哥们一致举荐到大陆寻找商机。

落地北京后，魏应行就开始马不停蹄地考察市场。经过一番考察，他注意到，当时老百姓都在用散装的食用油，而这种家庭食用油的品质大多较差，于是他想到，可以把家族在台湾经营油脂的经验与技术移植过来，开发一种高质量的带包装食用油。

1990 年，魏应行在大陆的第一家企业——"顶好"食用油公司挂牌成立，"顶好清香油"开始上市销售。由于当时中国大陆的消费水平低，还没达到"要面子"的程度，绝大多数老百姓用的都是 8 角钱一斤的散装油，而售价 2 元一斤的"顶好清香油"质量虽好，却大大超出了消费者的承受能力，"顶好清香油"叫好不叫座。

遇到了挫折，魏应行产生了卷铺盖走人的想法。然而大陆 12 亿人口的大市场始终叫魏应行念念不忘。如此巨大的市场一定蕴藏着巨大的能量，此时放弃一定会错过千载难逢的创业机会。为了扭转局面，魏应行频繁在几个城市之间奔波。1991 年的一天，他关闭了内蒙古通辽的一家工厂，踏上返回北京的火车。可他怎么也不会想到，正是这趟平常的旅程，成为改变魏氏兄弟命运的转折点。

在火车上魏应行不经意地用开水冲泡方便面时，浓郁的香气顿时弥漫了整个车厢。车上的许多旅客都寻着香气向魏应行投来好奇的目光。1991 年，中国大陆虽然也有方便面，不过都是煮来吃的，仅仅用开水泡是泡不熟的。鉴于烹饪手法的限制，当时的方便面也不可能被带上火车，陪伴旅客的长途旅行。而魏应行带来的这碗面，既有盛面的工具，又有吃面的工具，轻巧又便携，方便极了。因此，车上的人们都对魏应行手中这种用热水一泡就能吃的面表现出了浓厚的兴趣，纷纷上前询问哪里才能买到这样的面。正是这个时候，魏应行的脑子里突然有了想法：如果能向火车上的人们出售这种面，一定会大受欢迎。

▶ 公司治理：实践案例与基础理论

所谓"来得早不如来得巧"，"顶好清香油"来得早，却赶上了计划经济的尾巴，吃了价格竞争的亏；而方便面这个"从天而降"的灵感就来得十分巧妙，让"山重水尽疑无路"的魏氏兄弟，看到了"柳暗花明又一村"。

（二）进军大陆市场

1991年12月，魏应行带着从亲友那里筹集来的800万美元再次创业。为了摸清消费者喜欢哪种口味的方便面，魏应行计划在目标消费区域北京和天津地区，进行消费者试吃调查。每次试吃结束后，魏应行都会选择三四十名消费者对方便面的口味提出建议，得到反馈后，再根据这些建议调整方便面料包的口味。经过了几个月，魏应行对上万名消费者进行了调查，最后发现牛肉口味的方便面得到了绝大多数消费者的青睐。他敲定这就是市场需求，很快康师傅品牌的红烧牛肉口味方便面便投入生产。这种投产的方便面不仅在口味上有了很大的改善，包装也经过精心的设计。与大陆已有的方便面不同，康师傅方便面在原有料包的基础上，增添了一个牛肉酱料包，同时配有纸制的碗和塑料叉子。这种全新的包装在当时不仅是一种创新，更为消费者提供了极大的便利。

1992年8月，康师傅红烧牛肉面一经上市，就成为抢手货。魏氏兄弟原本打算用两年时间成为京津地区最大的方便面生产商的计划，实际只用了半年时间就提前完成了任务。到1994年，康师傅已经在广州、杭州、武汉、重庆、西安、沈阳等地都设立了生产厂。

二、曲折发展期

（一）盲目扩张

康师傅方便面打开局面后，如何将企业做大做强就成了魏氏兄弟

第四章 "小马奔腾"与"康师傅"

要考虑的首要问题，是稳扎稳打巩固市场？还是乘胜追击加紧步伐扩张？在这个问题上，魏家大哥与弟弟们产生了分歧。康师傅的股东们和魏氏兄弟中的三个弟弟们都认为应该先巩固天津周边市场，等资金跟上以后再向全国扩张。兄弟之中最具权威的大哥魏应州却力排众议，坚持在全国范围内打品牌、占市场，同时迅速扩张生产线。于是魏应州一面在台湾赊购设备，一面要求经销商先款后货，同时督促弟弟们找钱。短短几年时间，康师傅完成了全国七大生产基地布局，在全国各地建起了一百多条生产线，扩张速度令人惊奇。同时康师傅也实现了年产方便面达 60 亿包，不仅成为京津地区最大的方便面生产商，更是坐上了全球方便面行业的头把交椅。这样的成绩也给了魏应州极大的信心，让他更加认同自己的激进扩张政策。

为了满足持续扩张的资金需求，1996 年 2 月 5 日，顶新集团将在中国大陆发展不到 5 年的康师傅控股有限公司在香港主板上市，此后，魏应州也陷入了盲目拓展新领域的泥潭中。当年 6 月，他在天津另设新厂，康师傅开始生产糕饼产品；9 月，又在杭州开厂开始生产康师傅饮料。此外，魏应州又大举对外搞收购，当年 10 月，顶新集团出资 5 亿元人民币收购德克士，进军快餐行业，和肯德基、麦当劳展开正面竞争，并将德克士所属的连锁店板块交由老四魏应行打理。

1998 年，顶新集团投资 8000 万元在上海成立乐购超市。一年时间不到，就已经在广州、深圳等地开出 15 家乐购超市。上市募集的庞大资金，以及看似成功的快速扩张给了本就信心膨胀的魏应州又一针强心剂，踌躇满志的他决定下一步战略是在台湾寻找合适的投资标的。于是他任命四弟魏应行为"先锋官"，回到台湾寻找机会，希望通过康师傅的体系，投资台湾发展态势良好的企业来大陆开拓市场。

经过一段时间的观察了解，魏氏兄弟看中了当时台湾第二大食品集团——味全公司。1997 年，味全的股价仅仅 30 元新台币左右。但就在顶新集团与味全公司双方洽谈收购事宜的过程中，味全的股价开始扶摇直上。最终顶新以 58 元新台币每股的价格，斥资 100 亿元新台币收购了味全超过三成的股份，其中有 30 亿新台币来自银行借款。

然而好景不长，1998 年亚洲金融危机爆发，味全的股价从 70 元新台币一路狂跌至 4.55 元新台币。顶新集团资金链断裂，从无与争锋的商业顶峰一下子跌入了财务危机的冷酷谷底。再加上前期各种扩张累积的负担，魏氏兄弟元气大伤。眼看四兄弟苦心打拼的"食品王国"即将毁于一旦，顶新集团不得已决定出售康师傅 30% 的股权以获取救急资金。

1999 年 7 月，日本三洋食品株式会社同意以高于股价的价格，用现金买入康师傅 33% 的股权，双方呈现 33.1889% 的对等持股局面，顶新也因此获得了 1.4 亿美元的"救命钱"。直到 2007 年 12 月，顶新集团增持了原由世讯投资持有的 1.9 亿股康师傅股票，持股比例增加到 36.5886%，才略高于三洋食品。集团的盲目扩张直接导致康师傅疏于管理，方便面销量急剧下降，销售额从 18 亿元直线跌落到 10 亿元，锐减 40%。就在顶新集团和康师傅遭遇空前财务灾难的时候，顶新的老对手统一集团迅速扩大了对大陆的投资。从此中国方便面市场不再是康师傅一家独大，而成了康师傅与统一两家分庭抗礼的局面。

（二）关注市场需求

魏应州彻底意识到了自己的冒进，身为顶新集团董事长的他从不掩饰自己的失误，关于这段经历，他曾用非常严厉的措辞认真反思，为了表示自己的悔过之意，魏应州也将顶新集团董事长的职位交给了二弟魏应交，自己只担任康师傅控股的董事长。

四兄弟开始思考并总结盲目扩张带来的教训，并积极改正，以期把康师傅拉回正轨。究其根本，此次失败原因在于顶新集团被飞速的发展蒙蔽了双眼，忽略了市场与消费者的需求。于是魏应州根据各地饮食习惯的不同，开始研制不同口味的方便面。终于在 1999 年春天，康师傅区域性品牌推出，"成都做香辣味，重庆做麻辣味，东北做酸菜味"。到 1999 年年底，新口味方便面在全国爆红，康师傅方便面的销量一路飙升到 30 亿元。

面对这一次的成绩，魏应州"乘胜追击"，决定为康师傅方便面采用新的广告模式进一步打开市场，即"先采取明星代言广告的高频率'轰炸'，然后迅速铺货，覆盖大中小城市销售网络"。他一口气拿出 2 亿元的预算，将海峡两岸的大牌明星"一网打尽"，包括当时非常受欢迎的苏有朋、郑元畅、陈乔恩等人气偶像，此举让康师傅立刻收获 5000 多万的青少年粉丝。而在"地面"上，魏应州一改从前只接触大经销商的习惯，让一线销售人员与 30 万家小卖部联系。他对一线销售人员的要求是，"一天必须接触 10 个小卖部，并及时反映销售渠道的需求"。

经过这样一番改造，到 2001 年，康师傅重回巅峰，年销量一举突破 60 亿元大关。同时，四兄弟也为公司的财务和公司治理方面总结出了一套标准，为今后事业的发展奠定基础。

三、探索新发展期

（一）开辟新方向

帮助康师傅渡过难关后，顶新集团重整旗鼓，整合了之前了解到的消费者需求，决定继续向零售、餐饮等领域进军，同时看准时机开辟新的发展方向。

顶新集团旗下的乐购超市一直由四兄弟中排行老二的魏应交带领。1998 年 9 月，魏应交在上海创办了第一家乐购超市，这是他在康师傅业务之外的独立业务。虽然1998年康师傅和顶新集团在财务上遭受重创，但丝毫没有影响到乐购超市板块的良好运营。第一家乐购超市在第一年就开始盈利，这样的成绩在业内引起不小的轰动。到了2003年，乐购板块营业额已达50亿元。2004年，中国政府取消外商投资的诸多限制后，英国TESCO开始寻求进入中国市场，魏氏兄弟的乐购超市成为他们的目标。经过谈判，TESCO以1.4亿英镑买下乐购50%股权。2006年12月，TESCO再以1.8亿英镑增持乐购股份至90%。两次交易使得顶新集团合计套现3.2亿英镑，约合人民币50亿元（顶新集团乐购板块发展脉络如图4-4所示）。

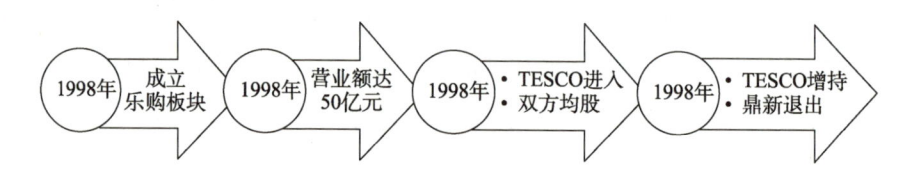

图 4-4 顶新集团乐购板块发展脉络示意图

从乐购脱身之后，魏应交看准房地产行业，开始为集团开辟新领域。2008年金融风暴呼啸而来，曾在1998年亚洲金融危机中吃够苦头的魏氏四兄弟大力倡导"现金为王"，于是在2009年经济复苏、曙光初现的时候，满手现金的魏氏兄弟开始寻觅廉价地产。2009年6月，四兄弟注册了私人公司"顶基开发"，专门从事房地产业务，魏应交任董事长。同年7月，顶新以37.35亿元新台币（当时约合7.47亿元人民币）拿下台北101大楼19.55%的股份。在随后的8月和9月，顶新集团又连续两次增持至37.17%，成为这座当时全球第一高楼的最大单一股东。

（二）扩张食品业

大哥魏应州领导下的康师傅和二哥魏应交经营的乐购板块都发展

第四章 "小马奔腾"与"康师傅"

得欣欣向荣，魏氏兄弟中的两位弟弟也不甘示弱。顶新集团从方便面起家，食品餐饮方面算是顶新集团的老本行，魏应充和魏应行两兄弟就在这方面大做文章。老三魏应充担任味全食品的董事长，虽然他经历了1998年金融危机的惨败，却并没有因此丧失斗志。总结了经验教训之后，魏应充在家族集团的帮助下，带领味全逐渐扭亏为盈。

2008年，又是金融危机之年，也是顶新收购味全资产满10年。面对第二次金融风暴，魏应充从容面对，让味全在"经济寒冬"中也能交出漂亮的成绩单。这一年味全营业收入和净利润分别达到115亿元新台币和5.27亿元新台币，分别比2007年增长6%和16.85%。味全不但在金融危机中逆势增长，而且业绩达到了历史新高。主管顶新旗下便利店、连锁事业群的四弟魏应行则在顶新集团复苏后开始调整德克士的发展战略。顶新集团在1996年收购德克士，最初因为扩张之心急切，在各地盲目开店，致使1998年德克士在各地的分公司中竟有1/3出现亏损。

1999年以后，德克士调整战略，决定避开肯德基、麦当劳的锋芒，主推二、三线城市，同时开放加盟，最终慢慢站稳脚跟。经过几年的调整与发展，德克士门店数量超过2200家，成为仅次于肯德基和麦当劳的第三大快餐产品。继德克士炸鸡之后，顶新集团又创办了"有乐和食拉面""牛乐亭烧烤"等餐饮企业。2006年，魏应行开始为集团新事业"全家"便利店而奔波。截至2017年10月，全家便利店在内地的门店超过2 100家，计划到2020年使全家便利店门店数量在大陆达到4 500家，到2024年门店数量达1万家。

此外，康师傅还和各大品牌合作，一步一步扩大顶新集团的生意版图。如图4-5所示，2012年3月，顶新集团完成与百事可乐中国饮料业务的战略联盟，由旗下康师傅控股有限公司独家负责制造、灌装、包装、销售及分销百事可乐于中国的非酒精饮料。2015年，康师傅和星巴克签署协议，由康师傅负责在中国大陆生产、销售星巴克的即饮饮料产品。2017年5月1日起，康师傅饮品被授权在中国大陆市场独家生产和销售英联食品旗下"阿华田"麦芽营养即饮乳品系列产品，顶新集团借道进入含乳饮料领域。

图 4-5　康师傅饮品合作进程图

至此，康师傅控股由最初单一的方便面业务扩展到食品饮品综合业务，公司主要形成方便食品、糕点和饮品三个经营板块（如图4-6所示）。

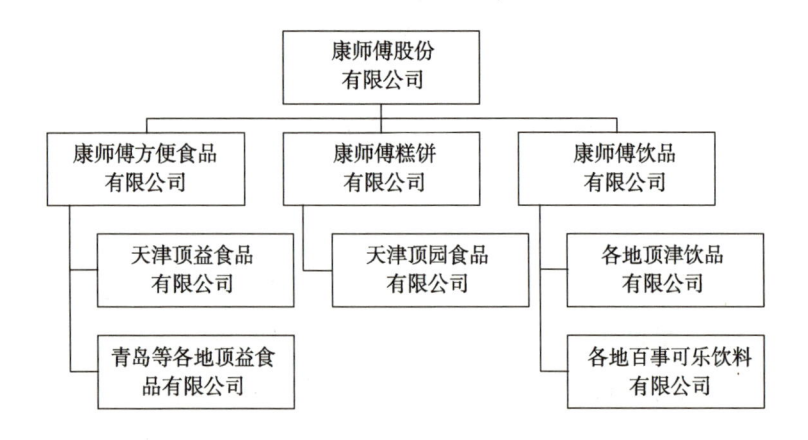

图 4-6　康师傅控股简易组织架构

对于顶新集团来说，也形成了以食品为中心的混合型产业集团，仅食品及餐饮业务就包括"康师傅""味全""德克士"等品牌，并有"乐购""全家便利"等品牌为商品零售保驾护航。同时，顶新还涉及地产及电信业务（如图4-7所示）。

四、家族传承

康师傅和顶新集团在魏氏兄弟的带领下稳中向好发展，而此时四兄弟也到了该退休的年纪。接下来该由谁来扛下康师傅的大旗？这也成为康师傅要面对的首要问题。顶新集团前身"鼎新"油坊由魏氏四兄弟的父亲创立，油坊运作早期也是魏氏兄弟在油坊中充当帮手。而顶新集团又是魏应州四兄弟合力开创，四兄弟在集团中分工明确、各司其职，因此顶新集团带有家族企业的性质。这样的家族企业性质使其旗下康师傅控股的传承问题成为众人关注的焦点。康师傅由魏家一手打造，作为董事长的魏应州是想让康师傅继续"姓魏"，还是要让康师傅摆脱家族企业的躯壳？这一问题终于在2018年年底有了答案。

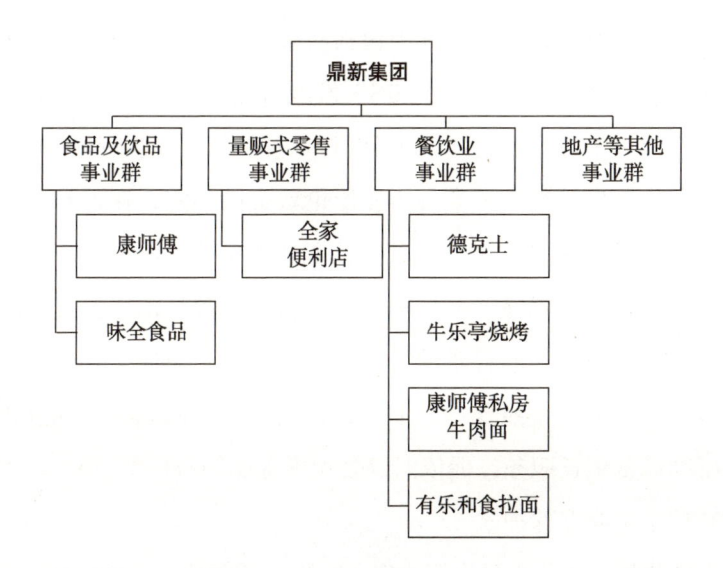

图 4-7 顶新集团事业群简易架构

2018年12月20日晚间，康师傅控股发布公告称，公司执行董事兼董事会主席魏应州将于2019年1月1日辞去职务，之后出任公司资深顾问。而他的长子和三子，魏宏名和魏宏丞，将分别被委以要职，

▶ 公司治理：实践案例与基础理论

魏宏名获委任为董事会主席兼委员会成员，魏宏丞获委任为执行董事。魏家第二代将正式接手康师傅，康师傅也将以魏氏家族企业的角色继续发展。

事实上，由魏氏家族成员接任康师傅早有布局。早在2014年，魏应州就曾公开表示，他的两个儿子将在五年后，也就是他65岁时接任其职位，分别"领导"食品与饮品业务。魏应州的三个儿子中，除了次子魏宏帆选择自己创业外，另外两兄弟早早被父亲安排在公司内部历练。2006年，魏应州长子魏宏名进入康师傅控股，从总裁室专案经理一职做起，2007—2014年担任台湾味全食品工业股份有限公司董事，曾任日本Calbee食品有限公司董事。2015年起，魏宏名又接替魏应交担任起康师傅执行董事的职务。在康师傅历练的十几年间，魏宏名参与了公司所有的重大事务，其中包括与多家国际级顾问公司合作的共同推动康师傅经营管理系统（MIS）发展蓝图的重大项目。2015年2月，魏应州三子魏宏丞也加入了公司，担任附属公司康师傅饮品控股有限公司的董事。魏宏丞本科毕业于伦敦帝国学院，在入职康师傅之前曾经在黑石集团纽约办公室以及百事公司总部任职历练。后来康师傅与迪士尼、星巴克等一些国际品牌的合作，都是由这位有着海外留学经历和跨国公司任职背景的三儿子一手促成。完成交接棒后的魏应州没有立刻退休，按照他"扶上马，再送一程"的原则，魏应州虽然辞去康师傅董事长职务，但依旧以公司资深顾问身份"监政"，为儿子们顺利接手企业保驾护航。

魏应州将长子留在身边深耕实业，让三子在海外学成归来开拓新业务。看似矛盾的两种培养方式，却恰恰为康师傅带来了脚踏实地的同时仰望星空的机会。对接班人预留充分的考察期，逐步交出职位，康师傅的换帅之路走得稳妥，每一步都在意料之中。

虽然魏宏名与魏宏丞两兄弟接手的是身为行业龙头的康师傅，但他们并没有囿于现状，面对市场萎缩的不利环境，他们在没有正式成为康师傅掌舵者时就开始积极为企业出谋划策。2017—2018 年，康师傅业绩开始回暖，主要归功于康师傅集团的转型升级，这也和魏宏名与魏宏丞多年的努力分不开。"持续推进产品结构调整，以核心产品巩固大众消费市场，并逐步布局高端市场"，发展高端面，丰富消费场景和 IP 合作，产品技术升级等都是兄弟二人为康师傅制定的锦囊妙计。如今，康师傅完成了权力的平稳交接，"魏二代"则能在康师傅的舞台上更好地将这些想法付诸实践，也为康师傅的发展带来了更多的想象空间。

五、家族经营模式

传承到"魏二代"手中的康师傅作为顶新集团旗下最著名也最重要的品牌，管理模式与顶新集团一脉相承。在人们普遍不看好家族企业的情况下，康师傅能在众多家族企业中脱颖而出，离不开其独到的家族企业管理秘籍。

（一）核心一人，各司其职

顶新集团经过几年的发展壮大，形成了四大主要事业群，分别交由魏氏四兄弟掌管：康师傅板块由魏应行一手打造，后交由大哥魏应州打理；老二魏应交则负责集团房地产板块；老三魏应充负责味全板块；而小弟魏应行则主管顶新旗下便利店、连锁事业群，包括德克士、全家等。

在集团内部，魏氏四兄弟依次被称为大董、二董、三董、四董，对外则并称"四位董事长"。四兄弟性格各异，在分别负责各自事业群之外，也在集团中各司其职，确保集团整体的顺畅运行。老大魏应州是家族中的灵魂人物，在兄弟中最有权威，因此大哥魏应州负责战略决策和最终拍板。老二魏应交是家族中"跑外"业务的高手,业务能力强,善于经营与沟通,在魏氏家族投资过程中,寻找资金、维护股东关系,他有卓越的贡献,在接受大哥辞任的顶新集团董事长职务后,对外发言也是他的职责。老三魏应充,最为低调,擅长财务管理,从商之外,他也热衷慈善事业。早在1986年,魏应充就积极参与台湾当地著名的慈善活动,他不仅为集团的财务把关,也帮助集团树立了良好的企业形象。老四魏应行,自称在四兄弟中属于比较"调皮"的一个,喜欢做一些有创新性的工作。到大陆试水投资,找到方便面生意的灵感,回台湾寻找投资标的,凡此种种,他都是"先锋官"。魏应行交友甚广,因此在维护与外界关系方面被赋予重任,也就是集团的"外交官"。

魏应行曾在接受采访时表示,兄弟合作的前提是"家有千口,主事一人",兄弟三人很庆幸有一个好大哥。大哥无私地领导,三兄弟紧密团结在大哥周围,这是顶新集团,包括康师傅最重要的核心价值。兄友弟恭、天伦无价,顶新集团将这一信念转化成日常合作的基础。四兄弟各有所长,性格互补。在集团最适合自己的位置上各自发挥价值,紧紧围绕大哥魏应州这个核心,相互扶持,最终建立了顶新集团的庞大"帝国"。

(二)家庭内部的"4=1"

魏应州为家族立下的规矩是"分工,分业,不分家",不能让兄弟中的任何一个没有活干。"分工"是指集团对外的形象呈现,四兄弟分管决策、股东、财务和沟通;"分业"是指四兄弟各自拥有主管事业群。而其中最重要的一条规矩则是"不分家",虽然兄弟四人分管顶新集团下属的不同事业群,但四兄弟却从不在各自管理的公司里领工资,而是将各自的薪水汇总到家庭基金里进行统一的平等分配。不管个人掌

第四章 "小马奔腾"与"康师傅"

管的事业群有多大，收益有多丰厚，赚到的钱都尽量回归家庭基金。然后四个小家庭每家每月从基金中领取3万元生活费以保证日常开销，十年不涨。此外，魏氏家族中子女的学费全部由家庭基金来支付。若是魏氏子女到海外留学，一天的生活费标准都是8英镑，且一样都是来回两张经济舱机票，多花一毛钱都不行。假如哪个孩子想坐商务舱，就要自己额外来付超过标准的钱。在顶新集团中，四兄弟的股权也都是25%。

四兄弟还建立了不分家的合作机制，即每个月开一次"家庭常委会"，共同讨论决定一些投资、发展的事项。在家庭委员会里，四兄弟可以畅所欲言，对各自分管事业的看法也好，遇到的日常管理问题也好，都可以拿出来讨论。四兄弟相互交流管理心得，也相互为对方的事业出主意。家庭委员会中讨论的不只是管理经验，更是一家人的兄弟情。

六、结语

成立至今，顶新集团在魏氏四兄弟的带领下扩展商业版图，建立起以食品为核心的庞大"帝国"。康师傅如今已经平稳完成"创一代"到第二代的权力交接，创始人退休，家族二代中的两个儿子接班，一个掌舵，一个护航，应该是一个不错的接力组合，这也延续了魏家老一辈创业者"兄弟同心，其利断金"的合作精神。年轻人的到来为集团注入了年轻的新鲜血液，也为顶新集团带来更多的新思想与发展活力，这对于交班后康师傅的变革与创新发展也是极其有利的。尽管康师傅近几年的收益状况不如巅峰时期表现出色，但其在中国方便面及饮料市场上的占有率，一直稳居市场第一位。此时的康师傅和顶新集团，正站在发展变革的关键路口。换帅后的家族企业发展如何，仍需拭目以待。

▶ 公司治理：实践案例与基础理论

模块二 基本问题与拓展分析

一、家族企业

Q1：家族企业有哪些特点？

家族企业是指创始人和家族成员拥有企业大部分股权，家族成员有一位以上直接参与企业经营，即掌握经营权。同时，家族成员实际拥有企业的控制权。

家族企业文化是指在家族企业中以血缘关系为基础，以家的管理模式为特征的企业文化。家族企业特征主要表现为以下几个方面。

1. 权威与亲情交织的"家文化"

"家文化"是将家长权威和家族亲情关系连接的文化。这种企业文化常常表现为独断、权威、事必躬亲，员工主动性差，一切以听从老板指挥为主。

2. 家族利益高于一切的"家族主义"

"家族至上"的群体意识把成员个体完全归属于家族，个人利益服从家族群体利益。这种群体意识会促使家族成员产生强烈的成就动机。此外，家族主义还表现为家族成员之间的相亲相爱、相互帮助、相互扶持、同舟共济。

3. 子承父业的"继承制"

受中国的传统文化影响，家族企业更重视权力的传承。如果大权旁落在外人手中则往往被认为是"将祖宗的家业败坏在自己的手上"。

4. 血缘关系以外的"低信任度"

家族企业中，血缘关系是信赖的基础，信任多存在血缘关系之中。信任的程度随内部成员之间血缘、亲缘、友缘、学缘、地缘等关系的亲密程度的降低而降低。

5. 血缘关系下的凝聚力与离心力共存

一方面，家族企业创业初期，由于血缘、亲缘等亲情关系的家族成员往往一荣俱荣、一损俱损，大家在追求家族利益感召下，可以暂时放弃甚至牺牲个人利益，共谋企业的发展。另一方面，由于成功后的成果是靠亲情进行分配的机制，不能够满足不同的家族成员的利益欲望，就会出现不同的利益群体与核心层进行明暗、软硬对抗，矛盾增多并不断激化，离心力加大，企业发展困难。

Q2：家族企业有哪些治理属性？

1. 优势

家族企业的家族成员既参与企业经营管理，又参与剩余索取权的分配，所有权与控制权两权合一，降低了逆向选择和道德风险的可能性。同时，家族企业中家族成员内部经常在一起沟通交流，使得内部成员的信息不对称性及成员间的协调成本大为降低。此外，由于血缘关系的维系，家族成员对家族高度的认同感和一体感，使成员对家族产生了一种神圣的责任，这使得家族成员为家族企业工作都是"各尽所能，各取所需"，较少计较自己付出的劳动和获得的报酬是否处于合理的比例关系，从而使企业成员间的交易费用大大降低。

在家族群体内部还存在一种选择性刺激制度，即家族成员必须努力为家族的发展而奋斗，如果某个成员出现道德风险和逆向选择，则可能会被家族族长开除出"族籍"。在这种压力下，家族企业中的家族成员一般都会比较自觉，为家族企业也就是为家族的发展而努力工作。在信息不对称状况减弱和选择性刺激制度下，家族企业中的家族成员与企业签订契约的交易费用大大降低，而且由于家族成员具有共同的价值观和伦理观念，以及他们之间存在着家族性的默契，所以企业家对员工的监督成本也很低。

2. 不足

（1）人才瓶颈。随着企业的发展，企业规模的快速扩张导致企业对人力资本数量和质量需求的大幅提高，而家族成员群体供给速度一般会低于企业对人力资本需求的速度。同时，由于企业规模的扩张，管理的复杂化，企业对高级人力资本的需求增多，而对于家族成员群体而言，家族成员群体也很难保证对人力资本的完全供给。

（2）良好企业文化的缺乏。在家族企业中，权力往往集中在以创业者为核心的家族成员手中，这种集权的决策体系缺乏有效的监督、反馈和制约机制，不利于决策的科学化、民主化，容易造成决策失误。

（3）亲情治理。亲情在家族企业创业发展阶段，有着不可低估的积极作用。然而当企业发展到一定规模和阶段，若依旧完全用家族性的亲情关系来维系企业的发展，就会对企业的发展产生不利影响。

创业时，家族企业管理虽然一开始能为企业带来和谐的利益，家族企业中的亲情让大家思想一致，共同行动，而等到初步得到"江山"以后，家族成员各自的私心也开始显露出来。在企业管理中，家族内的亲情有时也是很大的障碍。对于家族成员在企业经营管理上的不合理做法，许多家族成员因碍于亲情而无法及时指出纠正。家族式管理也使得企业容易出现任人唯亲现象。但随着企业的发展，管理过分重视人情而忽视制度建设会妨害到企业的发展，因此必须用统一的制度和纪律来约束全体成员的行为。

二、家族企业治理结构

Q1：家族企业在治理结构设计中可能存在哪些问题？

第一，股权高度集中，融资受限。家族企业中，家族成员持有企业的大部分股份，掌握绝对的控制权。在融资渠道上，受股权高度集中在家族成员上的限制。

第二，受家族情感渗透，对股权结构设计不重视。基于血缘和亲情的家族文化使得家族企业容易忽略股权结构设计的重要性，股权结构不清晰明朗。

第三，"两权"未实质分离，"掏空效益"严重。家族成员控制企业所有权和企业经营权，是企业的实际控制人，限制社会人才、职业经理人流入，以及非家族成员的高管团队发挥监督、管理职能。

在小马奔腾案例中，体现出企业在股权设计中存在如下问题：

（1）李明在小马奔腾的股权结构中，采用了小马欢腾公司作为小马奔腾的控股股东，但是在这一层公司结构中，李明姐姐李莉和妹妹李萍的股份共计 39.84%，远高于李明的 18.1%，李明只是小股东。这是一种典型的代持结构，但由于缺乏规范的法律程序而不具备法律效应。在小马奔腾股权架构层面，李明仅直接持有 3% 的股权，无法根据《公司法》单方要求召开公司股东会。因此，作为创始人的李明想对小马奔腾实施控制和管理，必须通过小马欢腾公司实现。但从小马欢腾公司的股权结构而言，李明作为持股 1/3 的股东，对于小马欢腾公司，并无实际控制权。李明的妹妹李萍单方控股 50%，存在 5∶5 的股权均衡设置情形。在该等持股比例模式下，小马欢腾公司的内部治理和对小马奔腾公司的管理，至少需要李萍与李莉或李明中的任一方达成一致意见，李萍虽具有一票否决权，但仍无单方决定权，小马欢腾的股权控制极易陷入僵局。作为小马奔腾创始人及董事长的李明没有足够的股权基础支持，未重视股权设计的重要性和规范股权对企业长期稳定的作用。

（2）外部的高管团队和企业核心人员持股较少，很难有话语权，在李明逝世之后很多核心人员难以在控制权争夺危机中发挥作用、抑制内耗、主导方向，只能选择离开小马奔腾公司。

Q2：家族企业应如何进行股权设计？

1. 制定企业战略，优化股权结构

家族企业创立之初，须考虑企业战略方向和股权结构，在战略指导下逐步完善组织机构设计、获取和配置组织资源、制定行动策略。同时，在企业战略、行业动态的指导下突破"家族"的限制，丰富股东性质、引入多元化股东。动态、多元化股权结构有利于充实企业资本、摆脱家族企业融资限制，从而帮助企业实现长远发展。

2. 设立股权激励机制，推行员工持股计划

要设立完善、合理的股权激励机制，从而更好地调动企业员工积极性，吸引外界人才进入。此外，推行员工持股计划，从而加强股东相互约束和监督，增加了企业管理透明度。

3. 突破"家文化"限制，实现文化创新

在处理"家文化"方面，企业应在发挥"家文化"优势的基础上，吸收借鉴其他企业文化的经验，以开放的心态积极引入优秀的外部管理人才，构建公平、公正的企业文化氛围，从而促进企业的不断发展。

三、家族企业权力交接

Q1：如何理解家族企业经营控制权内部传递？

家族企业创始人受如下因素的影响，倾向于将企业交给子女传承。

1. 文化传统

社会文化因素会影响家族成员涉入家族企业经营。中国深受"家文化"传统影响，"血缘"纽带使家族企业实际控制人倾向于更加信任家族内部成员，对外部经理人信任度较低，因此家族企业更倾向于家

族内部人员之间的权力传承。

2. 能够获得合作博弈利益

企业在家族成员之间传承，可以满足企业经营所要求的决策的统一性和行为的一致性。而且由于家族成员之间天然存在的自我约束、自我牺牲精神，家族传承有利于修正家族企业的利益偏好，提高家族企业竞争优势，有利于家族企业决策系统的优化，从而给企业带来合作博弈的利益。

3. 有利于降低委托—代理成本

家族传承使得家族成员以企业法人的姿态为家族企业效力，愿意为家族共同的长远利益调整自身的偏好和承担更多风险，有利于减少代理问题，降低代理成本。

顶新集团由魏氏四兄弟共同创立，本身具有家族企业色彩，深受中国传统文化的熏陶，而集团中"分工，分业，不分家"的"家文化"也深入集团企业文化，为所有管理者所认同，这就为魏宏名和魏宏丞兄弟二人子承父业打下了基础。再加上我国职业经理人信用管理机制正处于发展之中，中国家族企业实际控制人对职业经理人有着本能的不信任，认为职业经理人有损害企业利益的风险，为了规避这种风险，降低委托—代理成本，魏应州决定在企业培养出集团信任的职业经理人之前，由家族成员接手企业。在交接问题上，魏应州也同样尊重儿子们的意见，他的三个儿子中，次子魏宏帆选择自己创业，交接的重任便落在了长子魏宏名和三子魏宏丞的肩上。

家族企业经营控制权内部传递是指企业经营控制权由家族的掌门人传递给具有血缘关系的继承人的过程。创业者对家族企业的绝对或相对控制是一种基于所有权或创业者才能、商誉的经营指导和监督权力，这个传递过程实际上是家族的财产、声望和社会地位的传递过程，其目的在于保障家族企业的延续。

家族企业经营控制权代际传递模式对于保证家族企业的稳定性和内部可控性是比较有效的一种继承模式，但这种模式也可能在交接阶段出现问题，如内耗危机，在家族权力转移中，受雇管理阶层受到家族成员的威胁利诱，或卷入家族矛盾漩涡，或作为"内部人"挪用企业财产；分裂危机，多个家族企业继承人争夺家族企业的财富和权力时，可能出现某位家族成员带领自己的追随者另立门户；丧失控制权危机，当家族成员意见不一致时，可能会出现非家族成员的第三方结合出资方获得企业经营权。

Q2：家族企业如何保证权力的顺利交接？

家族企业权力交接需要充分考虑以下因素。

1. 接班人的交接意愿

接班人的交接意愿对家族企业能否顺利交接有很大影响。如果接班人接班意愿强烈，传承就会比较顺利；相反，传承过程将比较曲折，传承结果不理想的可能性也很大。另外，接班人对接班回报的预期在很大程度上也影响到接班意愿，加入家族企业带来的工作乐趣、个人满足感和金钱等回报会对潜在的接班人接手企业增加吸引力。

2. 代际传承时机

家族企业代际传承的时机应遵守企业"当前领导人能力不足""企业稳步经营"或"高速成长"的准则进行传承，如果时机选择不当，会严重影响代际传承的效果。家族企业的领导人只要感受到自身的能力已无法满足企业发展的需要，就应该积极考虑将部分或者全部职位和权能向家族内外人士进行传承。同时，家族企业领导人应该选择在企业经营环境相对宽松或企业高速成长时，将一些职位和权力传给后继者。如果企业竞争环境宽松，处于同行业中的领先位置，公司业务成熟，此时进行传承而成功的可能性比较大。

3. 传承计划与传承准备

企业传承关乎家族企业自身命运，因此有必要尽早对传承进行准备。对代际传承进行准备的一项重要工作是保护好家族的独有特点，要把独有的家族化的东西传递给下一代，因为这些独有的东西往往是家族企业的竞争优势所在。接任之前的工作经验对代际传承也非常重要，特别是接任之前的家族企业工作经历对于企业代际传承成功具有重要意义，因此应在传承计划中增加接班人的工作经历。

在顶新集团在权力交接之前，为避免不必要的麻烦，魏应州很早就开始为儿子接手企业做准备。作为企业未来的领导者，兄弟二人必须有足够令人信服的经验与学识，于是魏应州对兄弟二人采取了截然不同的培养方式，将长子留在身边历练，让三子去海外留学开拓视野。2006年，魏应州长子魏宏名进入康师傅控股，从总裁室专案经理一职做起，2007—2014年担任台湾味全食品工业股份有限公司董事，也曾担任日本Calbee食品有限公司董事。2015年起，魏宏名又接替魏应交担任起康师傅执行董事的职务。在正式接手康师傅之前，魏宏名已经在康师傅中历练了十几年，参与了公司所有的重大事务，可以说对企业和行业都足够了解。而魏宏丞本科毕业于伦敦帝国学院，并获得日本早稻田大学硕士学位以及哈佛商学院工商管理硕士学位，在入职康师傅之前曾经在黑石集团纽约办公室以及百事公司总部任职历练，并于2015年2月加入康师傅控股，担任董事一职。

除此之外，魏应州还为儿子们的子承父业打下了舆论基础。早在2014年，魏应州就曾公开表示，他的两个儿子将在五年后，也就是他65岁时接任其职位，分别"领导"食品与饮品业务。这样一来便打消了关于企业交接问题的无端猜测，将集团精力全部集中在业务层面。

辅篇　理论要素

第五章

对公司治理的基本理解

一、公司治理问题的产生

公司治理的问题主要包括两部分：①谁从公司决策或高级管理层的行动中获利；②谁应该从公司决策或高级管理层的行动中获利。两权分离和分散的股权结构的共同作用导致了公司治理问题的产生。

两权分离是公司治理产生的最根本的原因，所有权和经营权的分离导致所有者担任间接管理者的角色，信息在所有者和经营者之间存在非常大的不对称性，经营者处于信息优势的一方，而所有者处于信息劣势的一方。这种不对称的信息态势为经营者侵害所有者的利益提供了极大的可能性。

公司制企业股权结构分散，股东具有多元化的特点，由于股东在性质、利益出发点、股份比例等方面的不同，所有股东形成一致意见以及行动一致存在较大的困难。此外，单个股东缺乏对经营者进行监督的动力，易出现"搭便车"现象。由于监督的缺失，经营者容易侵害股东和债权人，以及其他利益相关者的利益。

二、公司治理的主要内容

（一）公司治理的基本议题

1. 企业及其行为的合法性、合规性

公司治理就是要在法律法规的框架下建立一套制度，并在不同治理主体之间合理地配置相应的权利和义务，规范企业及其行为。

2. 合理控制代理成本（股东与经营者之间的代理问题）

公司治理的产生是为了减少由于所有者与经营者之间信息不对称而产生的代理成本，因此公司治理要解决的问题之一是合理地控制代理成本，通过一系列制度安排最大限度地防止经营者的逆向选择行为和道德风险。

3. 保护中小股东利益

公司治理不仅要解决所有者与经营者之间的委托—代理问题，防止经营者侵害所有者的利益，同时还应关注大股东与中小股东之间的利益冲突，防止大股东通过各种方式侵害中小股东的利益。

4. 企业决策的科学化

随着公司治理实践和理论的发展，公司治理越来越重视"决策科学化"，公司治理机制在不同主体之间配置相应的权利和义务，有利于制衡机制发挥作用，从而提高决策的科学性。

5. 利益相关者之间的利益协调问题

员工、供应商、消费者、政府、社区等都是企业生存和发展的要素，因此企业管理者应将他们纳入公司治理的范畴中，更好地处理好利益相关者之间的利益协调问题。

（二）公司治理的基础理论

公司治理的基本理论主要包括两权分离理论、委托—代理理论和利益相关者理论。

1. 两权分离理论

公司制企业的一个重要特征就是两权分离，即所有权与经营权的分离。在公司制企业中，监督约束和激励经营者为所有者及其他利益相关者的利益最大化而努力，不仅关系到企业的短期利益，还关系到企业的生存和发展。

2. 委托—代理理论

现代公司的根本特征就是所有权与经营权的分离，委托人授权代理人管理公司，产生的风险却依然由委托人来承担，因此，如何让代理人在经营管理过程中不因追逐个人利益而侵害委托人的利益就成为委托代理所需要解决的一个关键问题。委托—代理理论的一个根本的假设是公司本质上，或者说天生就归企业的出资人所有。这一假设体现了委托—代理理论忽视了其他的利益相关者。

3. 利益相关者理论

利益相关者理论的核心是，公司由多种不同要素组成，因此为公司提供这些要素的人都是公司的利益相关者，所以应该将他们纳入公司的治理过程中。利益相关者理论并没有否定股东的重要性，而是强调在将股东放在第一位置的同时，兼顾其他利益相关者的利益，因此公司治理的目标不仅是股东利益最大化，而且是以股东为主体的所有利益相关者利益总和的最大化。

（三）内部治理和外部治理

公司治理可以根据治理手段的来源不同分为内部治理和外部治理。内部治理下的公司治理手段来自公司内部的"三会一层"，即股东会、董事会、监事会及高级经理（层）；外部治理下的公司治理手段来源于外部制度、监管部门和外部市场，如图5-1所示。

▶ 公司治理：实践案例与基础理论

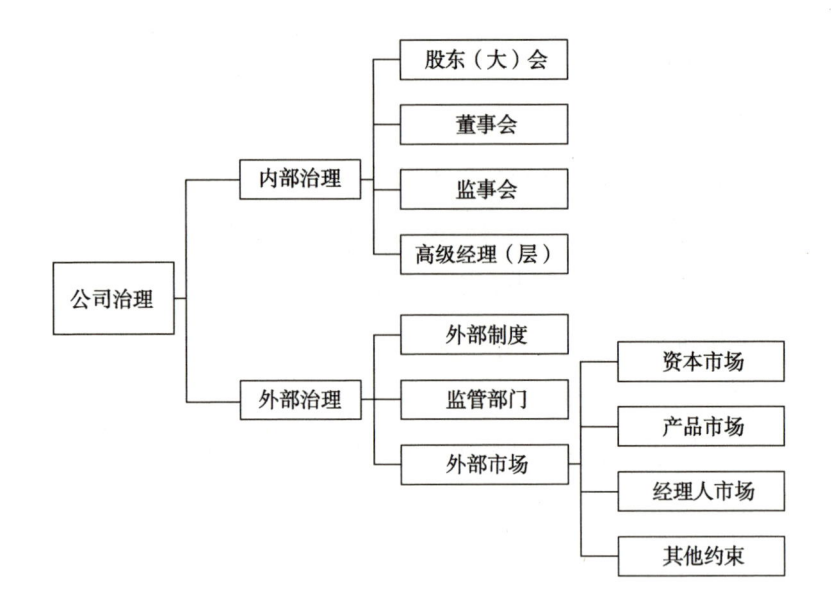

```
                            ┌─ 股东（大）会
                            │
                  ┌─ 内部治理 ├─ 董事会
                  │         │
                  │         ├─ 监事会
                  │         │
                  │         └─ 高级经理（层）
        公司治理 ─┤
                  │                         ┌─ 资本市场
                  │         ┌─ 外部制度      │
                  │         │               ├─ 产品市场
                  └─ 外部治理├─ 监管部门     │
                            │               ├─ 经理人市场
                            └─ 外部市场 ────┤
                                            └─ 其他约束
```

图 5-1　公司治理类型

公司治理体系是内部治理与外部治理的结合，二者之间相互促进。内部治理是公司治理的主要体现，但在股权高度分散的情况下，外部各种市场机制的有效性会对内部治理作用的发挥产生影响。

1. 内部治理：公司治理的核心

内部治理，也称为法人治理结构，是公司治理的核心。内部治理的理论基础是委托—代理理论和产权理论，在此基础上对代理人实施激励，从而实现在公司各个利益主体之间进行剩余控制权与剩余索取权的有效配置。内部治理的主要目的是协调公司内部不同产权主体之间的经济利益矛盾，克服或减少代理成本。

具体而言，公司的内部治理主要应包括以下内容：

（1）作为公司最高权力机构的股东大会作用的发挥。

（2）董事会的形式、规模、结构及活动规则的安排。

（3）有关董事的资格、任免、独立性、战略参与及履职状况的规定。

（4）监事会的设立与运作规则。

（5）高级经理层薪酬制度、激励机制及考评。

（6）内部审计及信息披露制度等。

2. 外部治理：公司行为的外部约束机制

外部治理的理论基础是市场竞争理论，通过公司外部市场体系提供充分的公司经营信息和对公司经营者行为进行客观的评价，形成一种竞争的市场环境和交易成本低廉的优胜劣汰机制，从而达到对公司经营者进行有效激励和监督的目的。外部治理通过对企业经营者施加外界压力，使企业经营者自觉规范自身行为。

公司的外部治理主要表现为以下方面：

（1）资本市场。资本市场对股东在监督和遏制经营层机会主义行为方面起着重要作用，有效的资本市场可以迅速将公司经营状况的信号传递给全体股东，进而反映在股票价格上。在这样的监控机制压力下，董事会和经理人员只能尽职尽责，充分发挥经营才能，以确保股东利益的实现。

（2）产品市场。在竞争激烈、顾客至上的产业环境中，如果公司的产品或服务不能占有一定的市场份额，股东们将会关注公司的经营管理状况。股东可以通过各种方式影响董事会，促使董事会对无能的高级经理人员进行处罚。

（3）经理人市场。经理人市场能够依据企业绩效对经理人进行分类，充分竞争的经理人市场能够对经理人施加外在竞争压力，从而促使经理人更好地经营公司。

（4）其他约束。除以上各种市场机制的作用外，国家的法律法规、监管机构、社会舆论、企业工会、中介机构（如会计事务所、审计事务所、律师事务所和第三方评价机构等）对公司的约束或评判也在不同层面对公司的经营产生重要影响。

三、公司治理模式

由于历史文化及经济发展等因素的不同，不同的市场经济国家形成了各具特色的公司治理模式，在这里主要介绍以英美国家为代表的外部控制主导型公司治理模式、以日德为代表的内部控制主导型公司治理模式，以及以东南亚与东亚国家为代表的家族控制主导型公司治理模式。

（一）外部控制主导型公司治理模式

外部控制主导型公司治理又称市场导向型公司治理，是指外部市场在公司治理中起着主要作用。这种治理模式的典型国家是美国和英国。

外部控制主导型公司治理模式具有以下特点：

1. 董事会中独立董事比例较大

美、英等国家的公司多采用单层制董事会，不设监事会，董事会兼有决策和监督双重职能。股东大会直接选举产生董事会，董事会对股东大会负责。独立的非执行董事承担对董事会的监督职能。在美、英等国家公司的董事会中，独立董事所占比例多在半数以上。

2. 公司控制权市场在外部约束中居于核心地位

公司控制权市场主要是指通过收购、兼并等方式获取公司的控制权，从而实现对公司的资产重组或对公司股东及高层管理人员的更换。这种机制是来自外部的，是对企业经营者约束和激励的核心。

3. 经理报酬中的股票期权的比例较大

股票期权相对于效益工资而言，是一种长期的激励机制。经营者来自股票期权收益的多少完全取决于股票的升值，而股票升值多少与经营者长期的经营业绩直接相关，这为管理者的努力带来更大的动力。

4. 信息披露完备

在资本市场发达的美、英等国家，公司信息披露的外部制度相对完备，公司经济活动的透明度高，降低了信息不对称造成的决策失误。

（二）内部控制主导型公司治理模式

内部控制主导型公司治理也被称为网络导向型公司治理，是指在公司治理中，股东（法人股东）、银行（一般也是股东）和内部经理人员的流动起着主要作用，而资本流通性则较弱，证券市场不活跃。这种模式的典型代表有日本，以及德国等其他欧洲大陆国家。

内部控制主导型公司治理模式具有以下特点：

1. 董事会与监事会分立

德、日企业多采用双层制董事会。在日本企业中，监事会仅作为董事会的监督部门存在，监事会与董事会并非平行运作，内部控制主导型公司治理的改革更注重监事会的完善。

2. 企业与银行共同治理

在该模式下，企业的融资多是通过银行进行，因此银行既有债权人身份，也有股东身份。银行和企业之间存在着主银行关系。主银行关系是指企业选定一家银行作为主要贷款银行，并将该银行的贷款作为主要的资金来源，银行和企业之间相互持股，银行参与到企业的治理中。

3. 公司之间交叉持股

公司之间交叉持股现象在日、德等企业集团中十分常见。一般来说，大企业股东都不愿干预持股公司的经营决策，因为如果一方在另一方的股东大会上采取不合作态度，另一方也会在这一方的股东大会中进行抵制。法人大股东持股的主要目的是加强企业间的业务联系，而不是获取股票投资收益。

（三）家族控制主导型公司治理模式

家族控制主导型公司治理是指家族占有公司股权的相对多数、企业所有权与经营权不分离、家族在公司中起着主导作用的一种治理模式。该模式的典型代表是韩国、新加坡等国家。

家族控制主导型公司治理模式具有以下特点：

1. 企业主要经营管理权掌握在家族成员手中

由于受儒家伦理道德准则的影响，在韩国和东南亚国家家族企业中，企业的决策被纳入家族内部序列，企业的重大决策，如创办新企业、人事任免、决定企业的接班人等都由作为企业创办人的家长一人作出，家族中其他成员作出的决策也必须得到家长的首肯。

2. 经营者激励约束双重化

在韩国和东南亚国家的家族企业中，经营者受到来自家族利益和亲情的双重激励和约束。对于家族企业的继承者来说，发扬光大父辈留下的事业、维系宗族亲情是对他们的经营行为进行激励和约束的主要机制。但这种以家族利益和亲情为基础的激励约束机制易为家族企业经营者带来较大压力，且使家族企业处于解体的隐患中。

3. 企业员工管理家庭化

儒家的"和谐"和"仁者爱人"思想不仅用于家族成员的团结上，还被应用于对员工的管理上，以此在企业中创造和培育一种家庭式的氛围，使员工产生一种归属感和成就感。

4. 来自银行的外部监督很弱

在东南亚，由于许多家族企业都涉足银行业，银行从属于家族企业，因此，银行业须服从于家族的整体利益，为家族的其他系列企业服务。所以，对于家族企业来说，来自银行的外部监督很弱。

第六章

股东与股东大会

一、股东权利与义务

（一）股东

股东是股份有限公司和有限责任公司中，通过资金实物、知识产权、土地使用权等有形资产和无形资产而持有公司股份的自然人和法人。

（二）股东权利

1. 监督权和决策权

作为公司的所有者，股东自身并不直接参与公司的经营，但是为了维护股东的利益，防止股东利益受到损害，股东可以行使法律赋予的监督权和决策权。

2. 选举权与被选举权

按照《中华人民共和国公司法》的规定，股东享有选举以及被选举为董事会成员、监事会员的权利。

3. 剩余收益请求权和剩余财产清偿权

剩余收益请求权是基于公司持续经营这一假设前提的。根据我国

《公司法》的规定，在分配公司的利润时，公司首先要支付职工工资、税收、债务，以及优先股股利等，只有当支付完这些后，还有剩余收益才能以股利形式对股东进行支付。由于股东的收益后于以上支付，因此该权利被称为剩余收益请求权。股东依法享有剩余财产的清偿权，剩余财产清偿权是指公司在解散清算时，首先要支付职工工资、税收、债务，以及利息、优先股股利等，只有当支付完这些后，还有剩余财产才能对股东进行支付。

4. 优先认购新股的权利

股份有限公司增发新股时，原有股东拥有优先认购所增发新股的权利。如果多个股东有意认购新股，则按每个股东当时所持有的股份的比例来认购新股。

5. 转让股票的权利

我国《公司法》规定，股东可以依法转让自己所持有的股份。在我国，上市公司的股东可以在场内市场上交易自己的股票，从而实现转让股票的目的；非上市公司的股东只能在场外进行股票的交易。

6. 请求强制解散公司的权利

我国《公司法》规定，公司经营管理发生严重困难，继续存续会使股东利益受到重大损失，通过其他途径不能解决的，持有公司全部股东表决权百分之十以上的股东，可以请求人民法院解散公司。

7. 股东代表诉讼权

股东代表诉讼权是指当公司的高层管理者违反法律法规或者公司章程的规定，给公司造成损失，符合条件的股东可以在公司不行使诉讼权的前提下以自己的名义向法院提起诉讼。

（三）股东义务

（1）按时足额缴纳所认缴的出资。

（2）公司设立登记后，不得抽回出资。

（3）以认缴的出资额为限对公司承担有限责任。

（4）不得滥用权力损害公司、其他股东以及债权人的利益，应当承担赔偿或公司债务的连带责任。

（5）公司章程规定的其他义务，即应当遵守公司章程、履行公司章程规定的义务。

二、股东大会

股东大会是在公司内部设立的股东表达意志和行使权利的专门机构。股东们通过在公司内部成立股东大会来表达意志，行使权利。股东大会是公司最高的权力机构，对于公司的重大事件，股东大会拥有决定性权力。

（一）股东大会的类型

根据股东大会的召开时间，股东大会可分为年度股东大会和临时股东大会。

1. 年度股东大会

《公司法》规定股东会应当每年召开一次年会，即年度股东大会。通常，股份有限公司在每年会计年度终结的 6 个月内召开年度股东大会。年度大会是由《公司法》强制规定召开，一般不对这一会议形式做出具体条件的规定。

2. 临时股东大会

当公司的一些临时性事件需要股东大会才能决定时（通常是发生了涉及股东重大利益的事件），在年度股东大会召开之后下一次年度股东大会召开之前，依照法律的规定可以召开临时股东大会。

我国《公司法》第一百一十三条规定：有以下情形之一的，应当在两个月内召开临时股东大会：

（1）董事人数不足本法规定人数或者公司章程所定人数的三分之二时。

（2）公司未弥补的亏损达股本总额三分之一时。

（3）单独或者合计持有公司百分之十以上股份的股东请求时。

（4）董事会认为必要时。

（5）监事会提议召开时。

（6）公司章程规定的其他情形。

（二）股东大会的职权

我国《公司法》第五十九条规定，股东会行使下列职权：

（1）选举和更换董事、监事，决定有关董事、监事的报酬事项。

（2）审议批准董事会的报告。

（3）审议批准监事会的报告。

（4）审议批准公司的利润分配方案和弥补亏损方案。

（5）对公司增加或者减少注册资本作出决议。

（6）对发行公司债券作出决议。

（7）对公司合并、分立、解散、清算或者变更公司形式作出决议。

（8）修改公司章程。

（9）公司章程规定的其他职权。

股东会可以授权董事会对发行公司债券作出决议。

对本条第一款所列事项股东以书面形式一致表示同意的，可以不召开股东会会议，直接作出决定，并由全体股东在决定文件上签名或者盖章。

第七章

董事会与监事会

一、董事与董事会

（一）董事的分类

董事是指由公司股东（大）会选举产生的具有实际权力和权威的管理公司事务的人员。自然人或法人都可担任董事。按照董事与公司的关系来划分，可将董事分为内部董事和外部董事。

1. 内部董事

内部董事也称执行董事，主要指担任董事的本公司管理人员，如总经理、常务副总经理等。一般董事会成员中，至少有一人担任执行董事，负有积极地履行董事会职能的责任或指定的职能责任。

《中华人民共和国公司法》第七十五条规定，规模较小或者股东人数较少的有限责任公司，可以不设董事会，设一名董事，行使本法规定的董事会的职权。该董事可以兼任公司经理。

2. 外部董事

外部董事（outside director）也称外聘董事，外部董事不是由本公司职工担任，而是由不参与管理和生产经营活动的企业外股东和股东大会决议聘任的非股东的专家、学者等担任。

董事会的职权主要有对公司重大事务的决策权和对公司经理层的监督控制权。外部董事有助于解决董事会"失灵"的问题，从而帮助董事会最有效率地行使以上两种职权。外部董事有权向股东大会汇报。

（二）独立董事

独立董事顾名思义是指能够对公司事务做出独立判断，且不在上市公司担任董事之外的其他职务，并与公司及其大股东之间不存在可能妨碍其独立作出客观判断的利害关系或专业联系（尤其是直接或者间接的财产利益关系）的董事。

1. 独立董事的特征

1）独立性

具体来说，独立董事的独立性主要体现在：

（1）法律地位的独立。独立董事是由股东（大）会选举产生，作为全体股东合法权益的代表，独立享有对董事会决议的表决权和监督权。具体地说，独立董事应该：

①独立于股东，与股东没有任何关系。

②独立于经营者，与公司经理层没有经济利益关系。

③独立于公司的其他利益相关者。其他利益相关者，主要是指公司的员工、供应商经销商、法律顾问、咨询顾问等与公司有着利益关系的人。

（2）意愿表示独立，能以公司整体利益为重，对董事会的决策做出独立的意愿的意思表达。

2）专业性

独立董事必须具备一定的专业素质和能力，能够凭自己的专业知识和经验对公司的董事和经理，以及有关问题独立地作出判断和发表有价值的意见。独立董事能够以其专家型的知识层面影响和提高董事会决策的客观性。

3）公正性

独立董事相较于其他董事，能够在一定程度上排除股份公司所有人和经理人的"权益"干扰，以公正的原则履行董事职责。

2. 独立董事的作用

独立董事在董事会的主要作用有：

（1）客观作用。由于独立董事是独立于公司的个体，因此能够在对问题进行决策的过程中能够作出客观的判断。

（2）监督作用。我国企业一股独大的现象较多，独立董事能够发挥对大股东董事的监督作用，更好地维护中小股东的利益。

（3）专家作用。首先，独立董事能够凭借专业知识和经验帮助公司获取市场机会和更多的资源；其次，为公司提供所需的知识技能，提高在制定公司战略时对环境变化的预测能力。最后，独立董事能够为公司的战略决策过程中提供在独立判断下所给出的建设性的意见并指出正确的方向，促进公司的长期发展。

（4）名誉作用。独立董事往往是在业内享有很高声望的专家学者，有着广泛的社会关系，能够为公司提供更多与外界连接的渠道，有利于公司形象的塑造。

（三）董事会的职权与分类

1. 董事会的职权

董事会是指按照有关法律法规和政策规定，按公司章程设立并由全体董事组成的业务执行机关。股份有限公司的董事会，是由股东大会选举产生的董事组成的。董事会是股份有限公司的权力机构的执行机构，贯彻公司股东大会的决议，对内管理公司事务，对外代表公司。

董事会对股东（大）会负责，行使下列职权。

1）执行权

（1）召集股东（大）会会议，并向股东（大）会报告工作。

（2）执行股东（大）会的决议

2）宏观决策权

宏观决策权主要包括决定公司的经营计划和投资方案。决定公司的经营计划是指管理公司内外业务的方向、目标和措施。决定公司的投资方案是指对公司内部的资金运用方向作出决定。

3）经营管理权

经营管理权具体包括：

（1）制定公司的年度财务预算方案、决算方案。

（2）制定公司的利润分配方案和弥补亏损方案。

（3）制定公司增加或者减少注册资本以及发行公司债券的方案。

（4）制定公司合并、分立、解散或者变更公司形式的方案。

4）机构设置与人事聘任权

董事会有权根据本公司的具体情况，确定内部的管理机构设置，如设立市场营销部、企业管理部、客户服务部等部门。董事会也可以决定聘任或者解聘公司经理及其报酬事项，并根据经理的提名决定聘任或者解聘公司副经理、财务负责人及其报酬事项。

除上述四种职权之外，董事会还可以制定公司的基本管理制度，行使公司章程规定的其他职权。

2. 董事会分类

全美董事联合会咨询委员会（National Association of Corporation Directors，NACD）根据功能将董事会分成四种类型：

底限董事会。该类型董事会是出于满足法律上的程序要求的目的而建立。

形式董事会。该类型董事会仅具有象征性的或名义上的作用。

监督董事会。该类型董事会主要职能是检查计划、政策、战略的制定、执行情况，评价经理人员的业绩。

决策董事会。该类董事会参与公司战略目标、计划的制订，并在授权经理人员实施公司战略的时候按照自身的偏好进行干预。

二、监事及监事会

（一）监事及其主要职责

监事主要负责监察股份公司业务执行情况，是股份公司中常设的监察机关的成员。

监事行使以下职权：

（1）检查公司财务。

（2）对董事、高级管理人员执行公司职务的行为进行监督，对违反法律、行政法规、公司章程或者股东（大）会决议的董事、高级管理人员提出罢免的建议。

（3）当董事、高级管理人员的行为损害公司的利益时，要求董事、高级管理人员予以纠正。

（4）提议召开临时股东（大）会会议，在董事会不履行本法规定的召集和主持股东（大）会会议职责时召集和主持股东（大）会会议。

（5）向股东（大）会会议提出提案。

（6）对董事、高级管理人员提起诉讼。

（7）公司章程规定的其他职权。

（二）监事会的基本内容

1. 监事会的定义

监事会是股东大会领导下的公司的常设监察机构，由全体监事组成的、对公司业务活动及会计事务等进行监督。监事会与董事会并立，独立地行使对董事会、总经理、高级职员及整个公司管理的监督权。设立监事会的目的就是保证公司正常、有序地经营，保证公司决策正确和领导层正确执行公务，防止滥用职权，危及公司、股东及第三人的利益。

2. 监事会的主要职责

监事会依法行使以下职权：

（1）检查公司财务。

（2）对董事、高级管理人员执行职务的行为进行监督，对违反法律、行政法规、公司章程或者股东会决议的董事、高级管理人员提出解任的建议。

（3）当董事、高级管理人员的行为损害公司的利益时，要求董事、高级管理人员予以纠正。

（4）提议召开临时股东会会议，在董事会不履行本法规定的召集和主持股东会会议职责时召集和主持股东会会议。

（5）向股东会会议提出提案。

（6）依照本法第一百八十九条的规定，对董事、高级管理人员提起诉讼。

（7）公司章程规定的其他职权。

3. 监事会监督的主要形式

监事会对经营管理的业务监督形式主要有以下四种：

（1）通知经营管理机构停止其违法行为。当董事或经理人员执行业务时违反法律法规、公司章程，以及从事登记营业范围之外的业务时，监事会有权通知他们停止其行为。

（2）随时调查公司的财务状况，审查账册文件，并有权要求董事会向其提供情况说明。

（3）审核董事会编制的提供给股东大会的各种报表，并把审核意见向股东大会报告。

（4）当监事会认为有必要时，一般是在公司出现重大问题时，可以提议召开股东大会此外，在以下特殊情况下，监事会有代表公司之权：一是当公司与董事间发生诉讼时，除法律另有规定外，由监督机构代表公司作为诉讼一方处理有关法律事宜；二是当董事自己或他人与本公司有交涉时，由监事会代表公司与董事进行交涉；三是当监事调查公司业务及财务状况，审核账册报表时，代表公司委托律师、会计师或其他监督法人。

第八章

高层管理人员激励与约束

一、高管的定义、职责与治理本质

（一）高管的定义

高管（高级管理人员）是指公司的经理、副经理、财务负责人、上市公司董事会秘书和公司章程规定的其他人员。

（二）高管的职责

《公司法》要求在股份有限公司中须设经理（有限责任公司可以设经理），由董事会决定聘任或解聘。经理对董事会负责，行使以下职权：

1. 经营决策权

（1）主持公司的生产经营管理工作，组织实施董事会决议。

（2）组织实施公司年度经营计划和投资方案。

2. 规章制订/拟定权

（1）拟订公司内部管理机构设置方案。

（2）拟订公司的基本管理制度。

（3）制定公司的具体规章。

3. 人事任免权

（1）提请聘任或者解聘公司副经理、财务负责人。

（2）决定聘任/解聘除（应由董事会决定聘任或者解聘）以外的负责管理人员。

4. 董事会赋权

（1）董事会授予的其他职权。

（2）公司章程对经理职权另有规定的，从其规定。

（3）经理列席董事会会议。

（三）高管治理的本质

高管治理的本质是"委托人"对"代理人"的治理。

二、高管激励

（一）高管激励与约束的基础理论

1. 激励相容

在经济社会中，从理性经济人角度，个人会按自利的规则行动。如果有一种制度安排，能够使行为人追求个人利益的行为，与企业实现集体价值最大化的目标相吻合，这一制度安排，就是"激励相容"。坚持"激励相容"原则，能够有效地解决个人利益与集体利益之间的矛盾冲突，从而使得行为人的行为方式、行为结果符合集体价值最大化的目标。

2. 信息显露性原理

通过代理人行为的信息设计激励机制。

3. 锦标赛理论

通过设置较大的薪酬差距来激励经营者更加努力工作，从而创造更大的公司绩效。

4. 权变激励理论

不根据已存在的具有普适性的管理制度，而是根据具体情况提出相适应的组织设计和管理激励。

（二）高管激励约束机制

1. 薪酬机制

对员工的薪酬分为两类：一类是保障性因素，如工资、固定津贴、社会强制性福利、公司内部统一的福利项目等；另一类是激励性因素，如奖金、物质奖励、股份和培训等。薪酬机制是通过发放薪酬的形式来对经营者形成激励。

2. 经营控制权机制

经营控制权是指能在事前通过契约加以明确确定的控制权力。控制权能作为一种激励机制，由于掌握经营控制权，可以满足经营者三方面的需要：一是在一定程度上满足了经营者施展其才能、体现其企业家精神的自我实现的需要；二是满足控制他人或感觉优越于他人、感觉自己处于负责地位的权力需要；三是使得经营者具有职位特权，享受在职消费，给经营者带来正规报酬权激励以外的物质利益满足。

3. 剩余索取权机制

声誉索取权激励机制表现为向经营者转让部分声誉索取权。

4. 声誉/荣誉机制

在公司治理中，既有物质激励，也有精神激励。声誉/荣誉激励是经营者获得社会的赞誉，从而获得成就感和心理满足感，激励经营者努力工作。

5. 知识激励机制

知识激励是指为经营者继续提供获得知识及信息的机会,以此来提高经营者的业务能力。

6. 聘用/解雇机制

聘用和解雇机制对经营者行为的激励是通过经理市场竞争来实现的。聘用和解雇会对经营者自身声誉产生影响,经营者对于声誉越重视,聘用和解雇作为激励手段的作用就越大。

三、高管约束

1. 高管约束的基础

(1) 股东、董事和经理形成双重委托代理关系。

(2) 公司内部权力分立,形成二次分工。

(3) 设计监督机制以制衡各方权力。

(4) 通过权力制衡和监督协调各方利益。

2. 高管约束的内部机制

(1) 组织制度约束。由公司股东大会、董事会、监事会与经理班子组成一套分工明晰、权责明确、协调配合、互相制衡的公司领导机构,起到组织约束的效应。

(2) 管理制度约束。科学的管理制度,尤其是严格规范的财务制度是经常性、事前约束,是有效防止高管职务犯罪的重要制度保障。

3. 高管约束的外部机制

(1) 市场约束:产品、股票、经理市场等。

(2) 债权人约束:债转股、主办银行制度等。

(3) 法律法规约束:其他约束生效的最终保障。

第九章

证券市场

一、证券市场在控制权配置中的作用

（1）证券市场的价格定位职能为企业控制权配置主体的价值评定奠定了基础。企业控制权配置成功的先决条件是双方达成合理价位。资本市场上同类上市公司为并购价格提供参照。准确的价位为控制权配置的顺利进行奠定了基础，使得控制方通过资本市场价格看到控制权配置的必要性和可能性。

（2）发达的资本市场造就了控制权配置主体。一个企业或个人为取得对另一个企业的控制权，往往需要大量的资本投入。发达的资本市场则为企业获得资本提供了充分的条件。同时，发达的资本市场也为企业产权流动提供了便利。

（3）资本市场上投资银行等中介机构的职能多样化为企业控制权配置提供了重要推动力。投资银行等中介机构是企业控制权配置业务的重要操作者。在发达的资本市场，中介机构的经营范围以企业控制权配置为主线，朝多元化方向发展。中介机构既简化了企业控制权配置，同时也保证了控制权配置的科学性和合理性。

二、公司并购与公司剥离

控制权配置包括兼并收购和资产剥离两种形式。

（一）公司兼并与收购

公司兼并与收购是指在市场机制作用下，企业通过产权交易获得其他企业的产权，并获得其控制权的经济行为。

1. 并购活动成功的保证

美国著名管理学家彼得·德鲁克在1981年10月15日《华尔街日报》的编辑导言中，提出了成功并购的五条法则。这五条法则是：

（1）收购必须有益于被收购公司。

（2）必须有一个促成合并的核心因素。

（3）收购方必须尊重被收购公司的业务活动。

（4）在大约一年之内，收购公司必须能够向被收购公司提供上层管理。

（5）在收购的第一年内，双方公司的管理层均应有所晋升。

韦斯顿指出，并购中存在着许多事与愿违的风险。并购失败的主要原因有：

（1）对市场潜力估计过于乐观。

（2）对协同作用估计过高。

（3）收购出价过高。

（4）并购后整合不力。

2. 公司接管防御

在并购过程中，收购方的行为可能会引起目标公司同意或反对的两种不同的反应：在反对的情况下，目标公司将会产生并购的防御行为。公司的防御可以从以下三个方面考虑：

第一，可以考虑投票权结构配置。不同的投票权结构（如一股一票或不同股份投票权不同）会对并购者产生不同的潜在影响，相应地也会影响公司控制权市场的竞争状况。

第二，可以考虑反接管条款。它是指采用修改公司章程等合法手段来防止敌意并购。

第三，公司也可以考虑资本结构调整。如：

（1）增加负债比例，用尽借款能力，并使股票相对集中在支持管理层的股东或控股公司手中。

（2）增加向股东支付的股利，从而减少现金余额。

（3）在贷款合同中作出规定，被接管时要提前偿还贷款。

（4）证券组合应具有流动性，多余现金要减少。运营中不断取得的现金应投放于能产生正净现值的项目或返还给股东。

（5）多余的现金流量可用于收购其他公司，尤其是袭击者不希望要的企业。

（6）对于那些脱离母公司后并不影响其正常现金流的子公司，应该让其分立。为避免大量的现金流入，也可让其独立。

（7）通过重组或分立等办法，实现被低估资产的真实价值。

3. 公司应变

在面对已经启动的并购行为时，目标公司须及时采取应变措施。主要的应变措施包括：

（1）诉诸法律。由于诉讼过程中收购者不能继续执行要约，因此目标企业的经营者可以通过诉讼的形式来获得寻求其他解决方案的时间，从而阻止公开收购。

（2）定向股份回购。定向股份回购常被称作"绿色铠甲"，是指目标公司通过私下协商，从单个股东或某些股东手里溢价购回其大部分股份。

（3）资产重组与债务重组。目标公司通过购进并购方不要的资产或部门，或者出售并购方看中的资产或部门来减少公司的吸引力，增加并购公司的并购成本。债务重组是指通过重新安排新债务来增加并购方的成本。

（4）"毒丸"策略。"毒丸"策略通过增加收购目标公司的成本，从而增强了目标公司抵御接管收购的能力。"毒丸"策略一般是由企业发行特别权证，该权证载明当本企业发生突发事件时，权证持有人可以按非常优惠的价格将特别权证转换为普通股票，或者企业有权以特别优惠的价格赎回特别权证。

（二）公司剥离

1. 公司剥离的定义

公司剥离是指依照法律法规、行政指令或公司决策，将一个公司分解为两个或两个以上的相互独立的新公司，或将公司的某个部门予以出售的行为。

2. 公司剥离的方式

公司剥离主要有部门出售、股权分割和持股分立三种形式。

（1）部门出售。部门出售（Sell-off）是指将公司的某一部分出售给其他企业。部门出售的主要目的主要包括：为了取得一定数量的现金收入；为了调整企业的经营结构，以集中力量办好企业有能力做好的业务。

（2）股权分割。股权分割（Spin-off）又称资产分割，是将原公司分解为两个或两个以上完全独立的公司。分立后的企业各有自己独立的董事会和管理机构，原公司的股东同时成为分立后的新公司的股东。

（3）持股分立。持股分立（EquityCarve-out）是在将公司的一部分分立为一个独立的新公司的同时，以新公司的名义对外发行股票，而

-143-

原公司仍持有新公司的部分股票。

三、证券市场监管

（一）资本市场对公司治理的作用

资本市场对公司治理的影响主要包括三种机制，分别是融资机制、价格机制和并购机制。

1. 融资机制

相对于债务融资来说，股权融资没有还本付息的压力，但融资的大小受到公司业绩的影响，投资者会根据公司的业绩进行投资的选择。为获得融资的机会，公司经营者会通过改善公司管理，依靠提高公司的营运水平、提供优质的产品和服务来改善公司的业绩，从而获得融资机会。同时，融资结构还可以对经营者的经营激励、对公司的并购产生影响，进而对公司治理产生影响。

2. 价格机制

资本市场的价格反映了投资者对公司的评价，同时也反映了对公司经营者的评价。公司的股价波动会给经营者带来一定压力，促使经营者尽职尽责，并通过努力工作，用良好的经营业绩来维持股票价格。

3. 并购机制

资本市场对公司治理产生影响的实质是公司控制权争夺，主要通过并购来实现。通过并购机制，使得经营者面临"下岗"的威胁，为此经营者会在股价下跌时，不断改进公司的经营。在股价下跌时，中小投资者通过出卖股票减少损失，此时容易出现恶意收购。

（二）中国证券市场监管

中国证券监督管理委员会是我国证券市场的主要监管部门，它的职责是监管证券市场和为证券市场投资者（特别是中小投资者）提供保护屏障。目前，中国公司治理中最为突出的问题就是控股股东与上市公司的关联交易对广大中小股东等其他利益相关者的利益损害。所以现阶段中国证监会监管工作的重点是如何规范控股股东与上市公司的行为，以保护广大投资者的利益。

《公司法》是市场监管的重要法律。它以法律的形式对公司法人治理结构作了规定，确定了股东大会、董事会、经理和监事会的地位和职责，明确了所有者、经营者、监督者的权利和义务，为公司建立健全完善的治理结构提供了法律保障。

从我国证券市场的监管实践来看，证券市场和上市公司的公司治理受政府的政策影响较大。但是，随着股市的规模扩大，以及投资者逐步对监管者政策思路的了解，政府政策的效应正在逐步减弱。